Andre Wüthrich

Andre Wüthrich

Liebe Lebenslust und Befriedigung

Philosophie erfahrbarer Glaube Lebensglück

Impressum

Kapitelangaben oder Verse aus der Heiligen Schrift sind aus der Schlachter 1951, wenn nicht anders angegeben

© 2021 Andre Wüthrich Schweiz

Vielen Dank lieber ABBA Vater im Namen Jesus, für die letzten 34 Jahre der Vorbereitung auf diese Buchserie. Das Leben mit Dir bleibt weiter sehr spannend!

Meine drei lieben erwachsenen Kinder, David Sarah und Kim: Ihr seid mir so wertvoll und kostbar. Kraftvoll seid Ihr mir immer wieder zur Seite gestanden.

Liebe Anita, die letzten zwei wunderbaren Jahre mit dir, waren so ausgefüllt mit Gesprächen und einem regen Austausch. Du wurdest mir zur wertvollen Muse für viele Notizen. Darüber hinaus hast Du mich so großartig in vielem ergänzt. Meine starke Zuneigung sei Dir hiermit kundgetan

Liebe Michaela Lieber Cyrill Joschua und David; Vielen Dank Ihr Lieben für eure Annahme, Liebe und euer Durch tragen in dieser anspruchsvollen Zeit. Ich schätze Euch sehr!

Liebe Helene, herzlichen Dank für die mehr als 23 Jahre, die ich mit Dir in einer sehr ausgefüllten Beziehung verbringen durfte

Herstellung und Verlag: BoD Books on Demand, Norderstedt

ISBN: 978-3-7543-5186-4

Vorwort des Autors

Liebe Lebenslust und Befriedigung. Der Inhalt dieses Buches, geht um Gnade Gegenwart Gottes und unser Leben im Alltag mit unseren Beziehungen zwischen uns Menschen. Auch Fragen und Antworten mit Geschwister und Gottfernen. Es wird eine sehr unkonventionelles und spannendes Beziehungs Kisten Buch.

Wir alle haben unterdessen in unserem Leben verstanden, Beziehungen zu leben, ist das schwierigste Unterfangen überhaupt. Von Anfang bis zum Ende unseres Lebens durchlaufen wir jede Menge und aller Art von Beziehungen. Unsere Erziehung Zuhause, in der Schule und unsere Freizeit Gemeinschaften, werden mehr oder weniger erfreulich gewesen sein. Sie sind sehr entscheidend in der Wahl unserer Partner und Partnerinnen. In den ersten vier Kinder Jahren, entwickelt sich dein Grundcharakter. Dieser wird wesentlich deine Entscheidungen bei Beruf und Partnerwahl stark mit beeinflussen.

Dazu kommen diverse reißerische Aussagen von Partner Agenturen: Ich bin Single und genieße es!

Wenn aus einem Abenteuer mehr wird!

Genieße es, Du bist es dir wert!

Diese Agenturen und die ganze Werbeindustrie, möchten Dir mit Ihren wunderbaren Möglichkeiten das Leben erklären.

Proklamation: Du brauchst mich, Lebe mit mir!

Eines weiß ich sicher: Liebe und Sex ist nicht dasselbe?

Intro

Seid Ihr es nicht leid, immer wieder von einer Beziehung enttäuscht zu werden. Schon wieder von Neuem beginnen zu müssen, echte Lebenslust und Befriedigung zu finden.

Ist dies möglich? Beziehungen sind für mich Schulhöfe des Gebens, ohne etwas zu erwarten. Beziehungen erfolgreich zu leben ist für mich das schönste aber auch das schwierigste Abenteuer auf dieser Welt Erwartungen werden meistens enttäuscht. Für mich ist dies auch heute noch schwer.

Seit vielen Jahren kommt bei mir in diese Enttäuschung oder Selbstverletzung eine dritte mich liebende Person hinein. Ihr habt es längst erraten; Es ist Gott selbst, der in mir seit über 30 Jahren wohnt.ER selbst trägt, mich mit seiner Gnade durch jeden neuen Tag hindurch. Ich kann jetzt dem anderen und mir aus der Kraft Gottes vergeben. An seinem Herzen darf ich mich gesund lieben lassen. Gott ist nicht tot! ER lebt und ist erfahrbar als Vater. Stelle Dir vor du musst nicht mehr allein, in dieser unbarmherzigen und gewalttätigen Welt existieren. Als von Gott geliebter Mensch, kannst Du jedem Menschen mit Seiner Liebe, barmherzig und vergebend begegnen und Dein Leben Genießen Dies ist doch echte Befriedigung (Zufriedengestellt werden, erfüllt Leben) Jesus sagt dir heute, Ich lebe! Jetzt ist die Zeit für Dich gekommen. Beginne zu Leben

Ich wünsche Dir ein erfülltes Leben, das Du Genießen kannst!

1* Mantra oder Person Jesus, der Deine Zukunft sein kann! Ja ein schönes Mantra, um zu erkennen, wer wirklich hinter dem Leben steht. Stell Dir vor, das Leben ist eine wunderbare Person, die Dich schon seit dem Mutterleib kennt. Du bist ein Wunschkind, nach Gottes Plan. Ich lebe, darum sollst Du auch leben. Ich bin der Weg, die Wahrheit und das Leben, niemand kommt zu Vater als nur durch mich. Jesus Christus, sagt zu Dir: Ich liebe Dich. Was mühst Du Dich ab, für etwas was Nichts ist. Komm zu mir Ich möchte Dir Gutes für Dein Leben geben. Tag für Tag, möchte ich Dich durch Dein ereignisvolles und spannendes Leben führen und wage es mit mir, Ich bin vertrauenswürdig. Komm her zu mir da Du mühselig und beladen bist, ich will Dich erfrischen. Und wieder herstellen. Lerne von mir sanftmütig und von Herzen demütig zu sein, damit du Frieden findest, für Deine Seele. Jesus sagt zu Dir: Du bist so kostbar und wertvoll. Verpasse das wahre Leben nicht.

2* Säen und Ernten Galater 6:7-10 Matthäus 7:12

Möchtest Du das ernten was Du gesät hast? Dieses geistliche Gesetz oder Prinzip, wirkt wie die Schwerkraft. Gal 6:7-10 irret euch nicht; Gott lässt sich nicht spotten! Denn was der Mensch sät, das wird er ernten. Denn wer auf sein Fleisch sät, wird vom Fleisch Verderben ernten; wer aber auf den Geist sät, wird vom Geist ewiges Leben ernten. Lasst uns aber im Gutes tun nicht müde werden; denn zu seiner Zeit werden wir auch ernten, wenn wir nicht ermatten. So lasst uns nun, wo wir Gelegenheit haben, an jedermann Gutes tun, allermeist an den Glaubens Geschwistern.Matth.7.12 Alles nun, was ihr wollt, dass die Leute euch tun sollen, das tut auch ihr ihnen ebenso!

Wer im Wort unterrichtet wird, gebe dem der unterrichtet, Anteil an allen Gütern. Galater 6:6 SCH51

3* Der Regenbogen hat 7 Farben Eltern Mann und Frau!

Unsere Kinder brauchen nicht nur Bezugs Personen, die sie Lieben. Jeder Mensch braucht in der Familie die echte Mama und den echten Papa. Meine Frau und ich haben selbst DREI wunderbare Schätze grossziehen dürfen. Alle Drei bestätigen; Sie haben die Liebe und die Werkzeuge für Ihr Leben mitbekommen. Trotz allen Fehlern die wir Eltern gemacht haben.

Aussagen wie; Hauptsache Menschen umsorgen das Kind. So wird es dem Kind sicher gut gehen, kann ich nicht mit einem guten Gewissen unterschreiben Dies scheint mir nur wieder einen Egotrip für die homosexuelle Gesellschaft zu werden. Fazit: Familie ist nicht gleich Familie!

4* Versuche es nicht mehr selbst

Lieber Mensch komme mehr zur Ruhe und verweile in den Armen Deines ABBA Vaters. Verbringe so viel Zeit wie möglich mit Deinem Vater, so wird das Nehmen die Antidepressiva zweitrangig. Nicht durch Heer oder Kraft, sondern durch meinen Geist wird es geschehen. Hör auf, es selbst zu versuchen mit Abhängigkeiten aufzuhören. Kapituliere, lerne loszulassen und gebe Gott in Deinem Leben mehr Raum an Dir handeln zu dürfen. ER wird Dir auch zeigen, was Du tun sollst. Bitte um Weisheit das eine vom anderen zu unterscheiden. Höre Ihm viel und gut zu. Lese dir GOTTES Wort selbst laut vor, oder höre es per App. Durch das Hören kommt der Glaube und dies wird Alles in Deinem Leben verändern

5* Verwundete und kalte Herzen können gesund werden

Was macht Ihr jetzt mit Eurem kalten, harten und verwundeten Herzen. Es gibt jemanden der Euch liebt und diese Situationen selbst kennt. Seht es doch ein; Ihr müsst genau dort gesund werden. Er sagt zu Dir, zu Euch, Ich liebe Dich. Vertraue Dich mir an. Komm her zu mir wo du mühselig und beladen bist, Ich will dich erfrischen und ganzheitlich heilen. Lege diese schwere Last ab. Ich werde Dich nie im Stich lassen. Gib Jesus Christus Raum in Deinem Leben, damit Er Dir das Leben zeigen darf und kann. Ich lebe, darum sollst Du auch leben. Statement: Jesus sagt: Ich werde Dir das steinerne Herz herausnehmen und ich werde Dir ein fleischernes Herz geben!

6* Mann was willst Du für eine Frau! Dies gilt auch für Frauen

Ja es gibt genug echte Frauen mit Charakter Du scheinst aber wie viele andere Menschen auch so vorbelastet mit Deinen Erfahrungen und Deinem Gedanken Gut zu sein darum wirst du immer wieder an die Falsche Partnerin treffen. Eine Frage habe ich jedoch an Dich; Willst Du eine sexy Puppe, die Du führen kannst, oder willst Du eine echte Ergänzung. Eine Frau Die Dich echt liebt, ist Deine stärkste Ermutigerin, aber auch die Stärkste, die Dich in Frage stellen wird. Mag Dein Ego dies verkraften. Was wirst Du tun? Bist Du bereit, Dich dieser Herausforderung zu stellen?

7* Nicht ausschliesslich Gefühle sind es die eine Beziehung ausmachen, sondern die Entscheidungen, die ich an jeden Tag in meiner Beziehung, an der Arbeit usw. treffen muss

8* Respekt? geliebt, loslassen Vergebung und Wertschätzung

Liebe Schwester du kostbare und Wertvolle. Geliebte Tochter von unserem himmlischen Vater. Bitte halbiere Deine Erwartung. Du darfst jedoch alles von IHM erwarten! Lebe selbst und erfahre Erbarmen und lerne täglich loslassen. Lebe 7x70 Vergebung. Herzlich um Vergebung bitte ich Dich, sollte ich es bei Dir am nötigen Respekt fehlen gelassen haben. Sorry, habe ich nicht deinen Erwartungen entsprochen Ich habe dich gerne Ich bin froh, dass ich Fehler machen darf. Aus diesen kann ich Vieles lernen einen schönen Tag und den göttlichen Schalom wünsch ich Dir Dein Bruder

9* GOTT, hat uns schon immer bedingungslos geliebt 1

Würde Gott bedingungslos lieben, wäre Jesus umsonst gestorben.

Lieber Bruder, Hier glaube ich hast Du etwas missverstanden. Jesus ist nur dann vergebens gestorben, wenn Du 7x70 Vergebung nicht leben möchtest und Dir auch nicht vergeben willst. Verflucht sei wer am Kreuze hängt! Er liebt uns bedingungslos. Jesaja 55:1-5 sagt, komme zum Thron der Gnade, ICH habe dir Alles bereitgestellt. das Leben mit Ihm kostet unser ganzes egoistische Leben, Aber es gibt nur eine Bedingung für den Himmel. Johannes 3:16 und Joh. 14:6 Du darfst nie vergessen; Gott liebt jeden Menschen gleich bedingungslos, aber er hasst die Sünde Römer 3:23 Jesus ist für uns gestorben, als wir noch Sünder waren. JETZT sind wir Gottes Kinder, weil wir uns für die bedingungslose Liebe Gottes entschieden haben. Gott hat den Sünder immer bedingungslos geliebt, aber die Sünde schon immer gehasst. Alles klar! Er hat uns zuerst geliebt und ist für uns gestorben als wir noch Sünder waren.

Ich kann zornig auf Dich sein und Dich trotzdem bedingungslos lieben, weil Du mein Geschöpf, meine Tochter oder mein Sohn bist. Dein Herz ist bei so viel Trost sicher aufgegangen und ganz warm geworden?!

Lieber Freund was habe ich über die Entscheidung für den Himmel geschrieben?! Klar muss man sich entscheiden, aber Gott liebt jeden Menschen bedingungslos, selbst wenn er sich nicht bekehrt. Wenn dieser Mensch dann stirbt und vor Gottes Gericht kommt, wird es Christus als Richter das Herz brechen, wenn er Diesen Menschen, dem Feuersee überantworten muss. Psalm 139 erklärt dir ER hat dich geschaffen, Er war auch damals schon da und hat Deine Nieren im Mutterleib bereitet.ER liebt Dich bedingungslos vom Wunsch, zur Geburt zum Tod, Ob Du Dich entscheidest und Jesus Dein Retter werden wird oder auch nicht. Gott ist doch kein Mensch, dass er lügen würde. Menschen haben große Vorbehalte bedingungslos zu lieben, aber doch nicht Gott. Warum denkst Du, ist die Liebe die größte und mächtigste Gabe? JESUS sagt am Kreuz. Vater vergib Ihnen, denn Sie wissen nicht was Sie tun. Zum Schächer am Kreuz sprach er in der letzten Minute: Noch heute, wirst Du mit mir im Paradiese sein. Lese mal das Buch von Wolfhard Margies über GNADE von 1990 und besprich Es mit dem Heiligen Geist. Nachher wirst Du wahrscheinlich nie mehr ausrufen müssen; Gott liebt nicht bedingungslos, ich sei humanistisch und unbiblisch.

Studiere bitte gründlicher das Wort Gottes und unterstelle mir nicht am Schluss, Irrlehre zu verbreiten. Be Carefully und sei gesegnet. Merksatz: Jesus Christus ist so viel barmherziger als wir. Seid barmherzig, wie Gott barmherzig ist. Nur mit seiner Gnade wird dies möglich sein.

10* Gottes Güte führt zur Umkehr

Hallo liebe Schwester, Gottes Güte und sein Erbarmen führt zur Umkehr, nicht Drohungen alle die nicht an Jesu glauben gehören dem Teufel. Bitte sprich mit den Gottfernen über die Liebe Gottes aus Joh. 3.16 Joh. 1.12 und Joh. 14.6. Jesus hat dies auch getan. Nur zu den Parisäern und Schrift- gelehrten also zu den Religiösen der damaligen Zeit, hat er vom Teufel und der Hölle gesprochen. Liebe Schwester, ich hoffe du kannst mit diesen ermutigenden Worten umgehen. Unser ABBA Vater kennt dein Herz. DU bist gesegnet Epheser 1.3 Tschüss wir sehen uns im Himmel.

11* Er steht vor Deiner Tür und klopft an

Hoffentlich treffe ich bald auf die Beziehung meines Lebens. Eine andere Person: Dies wird mir verwehrt bleiben.

Hallo; Er will dich gerne jetzt treffen. Er steht vor deiner Tür und klopft an. Er wartet darauf, dass Du Ihm auftust. Er möchte in Dein Leben kommen und mit Dir das Leben teilen. Es ist Jesus Christus. Sage heute JA zu einem Leben mit Ihm. Lade Jesus mit Deinen Worten in Dein Leben ein und werde ein Kind Gottes. Ein erfülltes Leben wirst Du haben. Dies wird das Beste was Dir in deinem Leben passieren kann.

12* Menschen enttäuschen, Gott nie!

Eine Schwester; Mich haben schon so viele Menschen enttäuscht und verletzt, jetzt auch mein eigener Sohn, der sich komplett von Gott abgewendet hat und nur noch seiner gottfernen Freundin nachrennt. Seine Mutter scheint ihm auch egal zu sein.

Liebe Freundin; sei getröstet mit 2 Kor. 1:2-7Glaube mir ich verstehe Dich; Selbstmitleid hilft Dir aber auch nicht. Menschen werden Dich immer wieder enttäuschen Gott nie. Lese Matthäus 11:28-30 Hänge Dich nicht an Menschen, sondern an Gott. Vergib Ihnen. Lass die Menschen los und auch Deinen Sohn, dass ER eingreifen kann. Gott wird mit Ihnen fertig. Steh auf richte Deine Krone und Kleider und laufe wieder fröhliche Deine Straße entlang. Etwas Wichtiges, habe ich Dir noch vergessen weiterzugeben. Verbringe viel Zeit mit Deinem himmlischen Vater werde ruhig vor Ihm, lasse Dich von IHM heilen und gesund lieben.

Zusatz: Lerne dein Gegenüber loslassen, dass Gott handeln kann. Wenn Dir Unrecht getan wurde, Vergeben und erwarten, dass Gott Dir Gerechtigkeit verschaffen kann. Unsere Geduld und Ausharren werden hier immer wieder sehr auf die Probe gestellt. Gott aber, wird mit dieser Person fertig. Er hat es unter Kontrolle. Amen Du bist gesegnet Epheser 1:3 Du bist gesegnet mit jedem möglichen Segen!

13* Es gibt keinen guten Menschen

ES wohnt nichts Gutes im Menschen. Seit Adam und Eva sind wir eine gefallene Schöpfung ohne Wiedergeburt ist unser Geist tot. Nur das was Gott jetzt in uns hineinlegt, macht uns zu guten Menschen. Die Bibel sagt uns im Kontext. Der Mensch ohne Gott ist böse. Wir sind jetzt Kinder Gottes und wir sündigen noch. JESUS aber ist für uns gestorben, als wir noch Sünder waren. Nochmals sage ich; Ohne Gott wohnt nichts Gutes in meinem Fleisch. Erst dann, wenn unser Geist durch den Geist Gottes erweckt wird.

Der Mensch ist nicht gut und nicht ganz schlecht. Was führt dich zu dieser Annahme? Vertrittst Du Jing und Jang??!

Gott hat uns sehr gut geschaffen. Es gibt nur gut oder böse!! Wir als gefallene Schöpfung sind geistlich tot, weil Adam gesündigt hat, haben alle Menschen gesündigt. Aus diesem Erbfehler wohnt in uns nichts Gutes. Darum wiederhole ich es; Erst wenn unser Geist durch den Geist Gottes wieder erweckt wird, fliest das Gute von Gott in uns und durch uns. Dies wurde nur durch den Tod Jesus am Kreuz und durch seine Auferstehung am dritten Tag möglich gemacht. Ich lebe, darum sollst Du auch Leben. Aus Glauben nicht aus Werken, nimm dies in Anspruch! Gnade heisst unverdient ins Leben zurückgerufen werden.

Du darfst Leben, obwohl Du Strafe und Tod verdient hättest!

14* Gott weiss wie das Leben funktioniert

Unser Gott braucht nicht Menschen, die meinen zu wissen, wie das Leben funktioniert, sondern Menschen, die Ihn kennenlernen wollen, weil Christus Sie bedingungslos liebt. Unser Gott ruft jeden einzeln von uns bei seinem Namen in sein Königreich. So viele Gemeinden sind überaltert und am Vertrocknen, oder schon ausgetrocknet. Sie wissen und wussten wie das Leben funktioniert. Sie haben leider nicht mehr nach Gottes Willen gefragt. Nicht mehr für sich selbst und auch nicht mehr für die Gemeinde. seine Braut. Lasst uns IHM wieder zuhören. Rede HERR, dein Knecht hört Dir zu! ich will wieder auf das Herzen Gottes hören. Du, Ihr auch?!

15* Beziehungen Hingabe

Die Bereitschaft und das Bedürfnis sich dem Andern verschenken zu wollen, sollte schon bestehen. Bin ich bereit meine Kontrolle loszulassen, um mich meiner Partnerin (er) ganz hinzugeben und mich in Ihr oder in Ihm zu verlieren. Warum sollte dies so sein? Während der Freundschaft, der nachfolgenden Verlobungszeit und in der Zeit vor dem Eheversprechen, werden wir feststellen, ich gehöre nicht mehr mir selbst sondern meiner zukünftigen Ehepartnerin (er) und umgekehrt. Das Verliebt sein verwandelt sich, wenn wir Veränderungen zulassen werden, in echte Liebe. Dies geschieht aber nur durch Gnade in der Macht der Stärke Gottes

16* Highlights, nächster Kick oder Beziehung Leben!

Schade, dass Du nicht ernsthaft ein Partner möchtest. Bei Dir ist der Mann auch nur ein Objekt der Begierde. Du outest Dich hier als Frau. die sich nur auf das nächste Abenteuer freut. Später kannst Du den Mann, wieder in den Schrank stellen, bis du dich von deiner Lust wieder fast überwältigen lässt. Ihr Männer lacht nur dumm über den Post, als währt Ihr Verbrauchsmaterial. Hier auf dieser Plattform, glaube ich keinen der beiden Geschlechter, dass Ihr wirklich eine anhaltende, wechselseitige, und ergänzende Beziehung sucht?! Euer Steckenpferd ist es über Eure vergangenen Liebschaften ironisch auszutauschen und traurig zu sein. Leider wollt Ihr so bleiben und Euch nicht verändern. Stellt Euch vor, es liegt auch an Euch, dass Eure Beziehungen nicht in die Reife kamen, oder Euch gemeinsam anhaltend in dieser entwickelten! Eines der größten Geschenke beinhaltet eine gute wechselseitige Kommunikation mit sehr gutem Zu- und Hinhören. Dies geht vor allem an die Adresse von uns Männern. Verstehen müssen wir die Frauen nicht, aber Lieben an Ihr müssen wir Alles in Allem während des ganzen Alltags. Wir Männer, und auch Ihre Frauen, dürfen uns nicht gegenseitig bloßstellen. Dies zerstört jede gutlaufende und fortbestehende Beziehung. Entschuldigt Euch, vergebt einander wirklich und vergesst es nachher. Lasst einander los, dass jeder auch regelmäßig, allein mit seinen Freunden, Familie abhängen, oder seiner Freizeitbeschäftigung nachgehen kann. Seid Ihr bereit, Opfer für den anderen zu bringen, ohne etwas zu erwarten, oder zu fordern nur immer auf das nächste Highlight oder den Kick hinzusteuern, wird Dich Allein und einsam werden lassen. Auch Sozialmedia, wird das nicht verhindern können. Also was willst Du tun? Es gibt viel zu tun, packen wir es an. Slogan: Esso in den 80igern.

Von einem reifen und humorvollen Mann geschrieben, der sich geliebt, angenommen und geborgen weiss. Weil Jesus Christus mich zuerst geliebt und mich beim Namen gerufen hat, darf ich persönlich erleben was es heisst, bedingungslos geliebt und angenommen zu werden. Jedem von Euch wünsche ich dies von Herzen auch! 34 Jahre sind es dieses Jahr. Probiert es aus und sagt ja zu IHM. Menschen enttäuschen Jesus Christus nie. Ich wünsche Euch nur das Beste. Tschüss Andi

17* Yoga oder Jesus

Liebe Schwester Sehr sympathisch bist Du mir. Ewas Wichtiges erregt aber mein Missfallen. Yoga ist ZEN und von der ersten bis in die höchste ZEN Ebene, ist es grösste Zauberei und Götzendienst. Dies ist auch die Wurzel dieser heutigen Meditation- Fitness. Beantworte Dir selbst eine Frage. Wenn Ich beim himmlischen VATER im Allerheiligsten, jeden Tag mehr zur Ruhe und in Seiner Kraft meinen Alltag bestehen kann; warum befasse ich mich dennoch mit einer anderen Lebephilosophie. Auch wenn es Freude macht, es ist nicht nur Meditation und Bewegung. Dämonen (unreine Geister) werden aktiviert und Dein Geist verändert sich zum schlechten. Betrübe nicht den Heiligen Geist, mit dem Du versiegelt worden bist. Der Heilige Geist will und wird seine Macht nicht mit dem unreinen Geist des ZEN teilen. Google mal die Stufen von Yoga. Back to the Roots! Schluss Vers von JESUS aus Johannes 10:27: Meine Schafe hören meine Stimme und Sie folgen mir nach! Lieber Gruss.

18* Wütend, wie weiter?

Eine Frau: Mich wütend zu machen ist gar nicht so leicht, aber wer das schafft, kriegt auch ordentlich was Geboten. Das ganze Programm mit Teller werfen, bockig sein und wortlos ins Bett gehen? Auch hier gibt es sicher noch Steigerungen. Wütend zu werden ist völlig legitim. Dein Gegenüber oder die Situation, hat einen wunden Punkt in Deinem Leben getroffen. Wenn Du es zulässt, wütend zu werden ist dies Deine Entscheidung und unterliegt Deiner Verantwortung, es nicht zu werden. Dein Gegenüber trägt keine Schuld, wenn Du wütend wirst. Dies ist allein Deine Entscheidung. Nochmals; Reagieren oder agieren liegt in Deiner Verantwortung. Emotionell zu reagieren oder sachlich zu handeln. Dein Gegenüber ist für seine Handlungen genauso verantwortlich.

Sie nochmals: Dränge mal einen Hund in die Ecke, bedränge ihn weiter und dann sage mir wie er handeln sollte, um mit seinen Möglichkeiten aus dieser Misere zu kommen!

Ich: Bist Du ein Hund oder Ein Mensch. ein Tier reagiert instinktiv. Du kannst Dich entscheiden. Du solltest, wenn Du möchtest, ganz ruhig handeln. Solltest Du aber ausflippen usw. darfst Du aber auch den Schneid haben um Verzeihung für Dein Verhalten zu bitten, selbst wenn dies der Aggressor nicht tun wird. Jeder ist für sein Verhalten selbst Verant wörtlich. Ich zum Beispiel kann nur aus einem Grund immer wieder verzeihen, weil Gott mich zuerst geliebt und mir bereits verziehen hat. Ich vergebe mir auch mein Fehlverhalten selbst. Jesus liebt Dich so wie Du bist.

19* Gott ist so gut zu mir

Ich liebe es jeden Tag etwas Gutes zu sehen und auch zu tun. Leben wir doch mit Jesus im Alltag, dass die Gottfernen Menschen, Hunger bekommen und bei uns sehen und schmecken können, wie gut unser Gott ist. GOTT ist so Gut, Gott ist so Gut, Gott ist so Gut ER ist so gut zu mir! Beim Erwachen ist mir dieser alte Song, wieder in den Sinn gekommen. Einfach stark! Nicht wahr, ich wünsche Dir einen gesegneten Tag

20* Eine junge verletzte Frau:

Ich mache lieber 10 Jobs, als mich noch einmal in einer Beziehung abhängig zu machen.

Liebe Freundin; Ich gebe Dir recht; So musst Du niemandem mehr vertrauen lernen und Du wirst auch niemanden mehr vertrauen können. Möchtest Du so enttäuscht und verletzt bleiben? Trotz Freunde und Familie, wirst Du irgendwann, einsam in Deinem Herzen, sterben. Auf Deinem Grabstein wird stehen; IHR Leben war ein Traktor und Ihr Herz versteinerte zusehends. Willst Du das wirklich?! Jemand sagt zu Dir: ICH lebe, darum sollst Du auch leben! Auch sagt Er: ich habe Dich zuerst geliebt. Jesus Christus liebt Dich und Er möchte, dass Du erfüllt Leben kannst. ER sieht Deinen Selbstschutz und Deine Not. Lass Dir von Ihm helfen. Von der Gesellschaft bist Du auch abhängig. Was machst Du, bei einer Rezession? Dein Lohn kommt nicht mehr, einkaufen oder dich

beim Coiffeur wohl befinden kannst Du auch nicht mehr?! Bitte denke darüber nach! Du bist so kostbar und wertvoll!

21* Kein Zeichen des Friedens

Wer für den Frieden ist, trage nicht dieses sogenannte Friedenszeichen. Das umgekehrte Gebrochene Kreuz hat Nero erschaffen. So wollte er seinem Hass und Ablehnung gegen die ersten Christen in Rom zum Ausdruck bringen. Er liess Rom anzünden und den Christen die Schuld geben. Sie wurden zusammengetrieben und in der Arena den Raubtieren lebend zum Frass vorgeworfen. Andere wurden gekreuzigt und als lebendige Fackel im Hof von Nero in Brand gesteckt. Frauen, Männern und Kinder. Deses Kreuz wurde in den 50igern von Okkultisten für die Friedensbewegung neu entdeckt. Also wer für den Frieden ist, habe mit diesem sogenannten Friedenssymbol nichts zu schaffen. Jesus Christus ist unser

Friede. Ich bitte Dich dein Gewissen zu überprüfen und dementsprechend zu handeln.

Seit geraumer Zeit hat der Traumfänger der Indianer auch bei uns Einzug gehalten. Traumfänger fand man bereits bei den ältesten Urvölkern der indianischen Geschichte (Ojibwe Stamm und Lakota/Sioux Indianern). Sie fertigten runde Weidenreifen, die mit heiligen Gegenständen dekoriert waren. Diese indigenen Stämme glaubten daran, mit diesen Gegenständen böse Träume vertreiben zu können. Dem Mythos nach soll sich eine junge Mutter Rat bei der Spinnenfrau geholt haben, da ihr Kind von schlimmen Albträumen geplagt wurde. Die Spinnenfrau ist in der Legende der Indianer die Schöpferin der Sonne und die Weberin allen Lebens. Sie riet der jungen Mutter einen Traumfänger zu weben, an denen die schlechten Träume wie eine Fliege im Spinnennetz hingen blieben. Die guten Träume jedoch konnten durch das Netz hindurch. Die Albträume wurden laut der Weberin des Lebens mit der Morgensonne neutralisiert und verschwanden.

Aborigine: Die Ureinwohner des australischen Kontinentes hatten ebenfalls Traumfänger. Auch wenn diese Traumfänger anders aussahen und eine etwas abweichende Bedeutung hatten als bei den Indianern. Die Traumfänger der Aborigines waren nämlich Menschen und dienten nicht dazu, Albträume abzufangen. In einem Stamm gab es die sogenannte Seelenfrau. Hatte ein Angehöriger des Stammes ein Problem, so wandte er sich an diese Frau. Daraufhin hielt sie tanzend und singend, mit Hilfe von Spinnennetzen Zeremonien ab, in denen Sie die Träume derer deutete, die sich an sie gewandt hatten. Durch die Traumdeutungen half sie den Menschen die

Wurzel ihrer Probleme zu finden. Ein Titlahtin ist der Traumfänger der Urvölker des heutigen Mexikos.

Wie die Azteken zu diesem Relikt kamen, konnten wir leider nicht nachweislich herausfinden. Titlahin bedeutet in der Sprache der Azteken „das, was mich beruhigt

Jesus sagt: Meinen Frieden gebe ich Euch Meinen Frieden lasse ich Euch

Ich weiss nicht, wie es Euch geht, aber ich werde es weiter mit dem Buch Joel 2:28 aus der Heiligen Schrift halten: 28 Und nach diesem wird es geschehen, daß ich meinen Geist ausgieße über alles Fleisch; und eure Söhne und eure Töchter werden weissagen, eure Ältesten werden Träume haben, eure Jünglinge werden Gesichte (Visionen) sehen;

Liebe Freunde und Menschen, die noch nicht geschmeckt haben, wie Gut Gott ist; Lasst Euch nicht mit solchen Okkulten Praktiken ein. Die Geister, die Ihr ruft, werdet Ihr Ohne echte Kraft Gottes nicht mehr los.

22* Echter Friede

Du hast recht für Israel und den Frieden in Jeruschallah bete ich liebend gerne schon lange Zeit. Aber für die Gottfernen sollen wir beten, dass Sie zum Glauben kommen. Nur so wird es friedlicher werden in Deiner und meiner Welt. 50-80 aktive Kriege wüten seit Jahrzehnten auf dieser Welt und kosten Millionen Menschen das Leben, Kein Wasser, Hungersnöte, Millionen verschleppte Frauen, Millionen von Kindersoldaten und viele Asylanten die besser behandelt werden als die eigenen Landsleute usw. Was sollen wir dazu sagen. Ich wache weinend und betend, für Alles was mir Gott als Last auf mein Herz legt. Du hast ein Vers aus der Bibel herausgepickt. Hast Du Meine Bibelstellen im Kontext gelesen. Liebe Schwester wir sind keine Humanisten. ich liebe Jesus und das sollen Menschen im Alltag sehen und erleben. Ich hoffe die Menschen an deinem Arbeitsplatz und überall, wo Du bist, erleben Dich als Galater 5.22 Charakter starken Menschen, der Jesus liebt und dementsprechend verantwortungsvoll handelt! Du bist gesegnet mit Hebräer 5.14

23* Extreme Umstände und Veränderungen, bringen in uns das schlechteste und das Beste zum Vorschein.

Auch ich reagiere immer wieder ein wenig genervt oder gereizt. Ich bin noch mehr wie nie zuvor, auf unsere 7x70 Vergebung an- gewiesen. Mir ist gerade in diesem Jahr (2020), Gottes Gnade im Alltag noch viel wichtiger geworden. Noch viel näher möchte ich im Alltag am Herzen unseres himmlischen VATER kleben, in Seinen Frieden eintauchen und mich gesund lieben lassen. Meine Mitmenschen sollen noch mehr einen Hunger verspüren, nach diesem lebendigen Gott. Darum stehe ich nach meinem Versagen in seiner Kraft wieder auf, Vergebung entgegennehmend, vergebe dem Andern und mir auch. Danach richte ich meine Krone, stehe auf, schaue auf Ihn und laufe wieder fröhlich mit Ihm auf meiner Strasse entlang. Salz und Licht will ich sein! Lasset uns Aufsehen auf den Anfänger und Vollender unseres Glaubens. Jesus Christus, der das gute Werk in Mir begonnen hat, wird es auch beenden. Allen die jetzt noch mit sich kämpfen, rufe ich zu; Es gibt keine Verdammnis für die, welche In Christus Jesus sind. Ps. Dir ist Vergeben, Vergebe Dir auch selbst Gott hat es schon vergessen und lass es jetzt los. Du bist so kostbar und wertvoll!

24* Heute ist Euch der Retter geboren

Wen den Sohn frei macht ist recht frei. Weihnachten, Ostern und Pfingsten, sind Feste die ich jeden Tag feiern kann. Ich kann also dieses Fest mit Freuden feiern und differenzieren. Dir geschehe nach Deinem Glauben. Du bist gesegnet. Ja und ich feiere mit meiner Familie; Jesus ist heute geboren, für mich gestorben und auferstanden. Er lebt und ich darf auch leben Halleluja!

25* Nur Ihm allein geben wir alle Ehre 1

Nur Ihm Christus geben wir Alle Ehre! Gepriesen, gelobt und angebetet sei Jesus im Allerheiligsten!

Das Sakrament des Altares gepriesen gelobt und verehrt sei Maria im Allerheiligsten Sakrament des Altares? Jesus ist unser auferstandener Heiland und unser Mittler. gelobt, gepriesen, und angebetet wird nur Jesus unser König und sein, unser himmlische Abba Vater. Maria war ein wunderbares Gefäss und Werkzeug, wie auch Du und Ich. Auch Sie musste Jesus als Retter und König annehmen. Lese Johannes 14.6 Maria war die Mutter von Jesus, Aber Gott hat keine Mutter. Jesus hat das Göttliche abgelegt Er wurde ganz Mensch, wohnte und wirkte als Vorbildmitten unter uns. Von diesem Menschen war Maria die Mutter. Jesus möchte von uns, dass wir ganze Menschen werden, nicht bessere Christen. In der

Bibel steht; Du sollst Gott allein anbeten und keine anderen Götter neben Ihm haben

25a* Nur Ihm allein geben wir alle Ehre 2

Gott der Vater hat Jesus über Alles zum Herrschen und Richten gesetzt. Was heisst das jetzt genau. Jesus Christus, Gottes Sohn, unser König ruhend sitzend zur Rechten des Vaters und regiert über Alles und jede Herrschaft Im Himmel, so wie auch auf der Erde. Nichts gibt es was IHM nicht unterstellt ist. Er regiert in Herrlichkeit, von Ewigkeit zu Ewigkeit. Dazu ist er unser Mittler (1.Timotheusbrief) ER steht als unser Hohepriester und Anwalt 24 Stunden Tag und Nacht, vor dem Vater für uns ein. Sein vollkommenes Opfer und sein teuer vergossenes Blut haben das Gesetz erfüllt. Sein Opfer hat für immer genügt. Sterbend hauchte Jesus am Kreuz, ES ist vollbracht. In diesem Augenblick zerriss der Vorhang im Tempel vor dem Allerheiligsten. Der Zugang ist frei und als Kinder Gottes dürfen wir jederzeit mit Zuversicht zum Thron der Gnade kommen. Unserem Gott, König Jesus zu huldigen und um Ihn anzubeten. Jesus: Wer ist so wie Du

26* Gott verschafft mir Gerechtigkeit

Lieber Bruder Ich muss Ihnen keine Rechenschaft abgeben. Wann haben Sie das letzte Mal jemandem Ihre Sunden bekannt. Warum meinen Sie einen Älteren fast 60-Jährigen dreifachen Familienvater so anzufahren und bedrängen zu müssen. Sie sind nicht das Wort Gottes. SIE sind ein Bruder, der das Wort Gottes missbraucht, um Menschen zu manipulieren. Der Herr Jesus, wird mir Gerechtigkeit verschaffen. Bitte Lassen Sie mich, mit Ihrer selbstgerechten Art. zufrieden. Wer ohne Sünde ist, werfe den ersten Stein. Gott sei Dank hat Gott das Schwache auserwählt. Demut zahlt sich aus. Ohne Vergebung muss jeder ernten, was er gesät hat. Sähst Du Gnade aus Liebe, oder durch das Gesetz? Wählst Du das Gesetz, wird Dich das Gesetz verurteilen. Die Gnade, also wird Dir mit Erbarmen und Vergebung entgegenkommen. Siehe der Vater sieht seinen Sohn, läuft Ihm entgegen und umarmt Ihn. Nimmt Ihn aus seiner Liebe wieder zu sich nach Hause und macht ein riesiges Freudenfest. Führst Du wie bisher dein Leben so weiter, kann es dir zum Verhängnis werden. Epheser 1:3 Psalm 103, Johannes die Kapitel 10, 14, 15 und 17. Tschüss

26a* Die Heilige Schrift spricht für sich

Ellen G. WHITE Prophetin der 7 Tag Adventisten, hat sehr viele gesetzliche Aspekte, aber sie lehrt nicht echte Gnade und Freiheit lest bitte die Heilige Schrift mehr im Zusammenhang. Bleibt Gottes Wort treu, sucht Gott und prüfet wirklich Alles, Das Gute aber behaltet. Dein Wort ist meines Fusses Leuchte. Ein Licht auf meinem Weg. Das Wort Gottes ist schärfer als jegliches zweischneidige Schwert.

27* Liebesbrief an meinen geliebten Papi

Mein geliebter ABBA Daddy Ich komme zu Dir und Sitze im Allerheiligsten vor Deinem Thron und befinde mich wohl. Mit meinem ganzen Herzen liebe ich. Dich überschütte ich innig mit Küssen und umarme Dich tief und fest. Nie mehr will ich Dich loslassen. Niemand ist wie Du mein wunderbarer Gott.

(Micha), wer ist wie Du mein Gott Maria Prean, Eine Tochter und Dienerin, war hier (am TV) und hat mich herausgefordert. Ja alle meine Ängste, darfst Du haben. Amen

Nach über 34-Jahre, tiefer Sohn und Freundschaft mit Dir, liebster Abba Daddy, habe ich in meinem Leben immer noch Angst zu kurz zu kommen, DIR und anderen nicht zu genügen, meinen Platz nicht einzunehmen und im Alltag zu Versagen. Auch bringe Ich Dir meine Not, immer wieder zurückgestossen und abgelehnt zu werden. Dazu kommt auch die Einsamkeit, die mich leider seit vielen Jahren begleitet. Tief drin in meinem Herzen weiss ich aber aus tausenden Liebem und Geborgenheit Zeiten bei Dir in Deinen Armen, mit Deinem ermutigen Zuspruch. Auch die Jahrzehnte langen Erfahrungen im Alltag mit Dir, strafen Diese Furcht und Ängste Lügen.

Vorhin hatte ich weinend und schluchzend dem Rufen Deiner Tochter Joyce Meier zugehört. Wohlwissend von was Sie da spricht. Das Schlafende in Mir muss erwachen.

Geliebter Daddy ich bin hier und ich demütige mich unter Deine mächtige Hand Gottes. So darfst Du alle meine Ängste haben, weil Jesus am Kreuz von Golgatha Alles getragen und für Alles gelitten und In Allem bereits genügt hat. Weil ich schwach bin, darf ich stark in DIR vorwärtsgehen, und in Deinen von Dir vorbereiteten Werken im Alltag wandeln. Noch mehr in dem Bewusstsein, ohne Dich ist es mir unmöglich etwas Fruchtbares zu tun. Hilf mir, mich noch mehr DEINER Liebe, DEINER Führung, DEINER Stärke und DEINER Autorität auszusetzen, um Der Mann zu werden, Denn Du in mir siehst und den DU haben möchtest.

Ich möchte Dich noch mehr sehen, wie Du wirklich bist und was Die Berufung und das Erbe in meinem Leben ist. Geliebter himmlischer Daddy; Rede ich höre Dich und werde tun was immer Dein Herzenzwunsch an mich ist. Ich Dein geliebter Sohn werde auf Deine Antwort warten! Daddy ich liebe Dich Dein Sohn André Hermann Benjamin. Weinend, schluchzend und voller Hingabe habe ich Dir diese Liebes Bekundung als Wohlgeruch und zu Deiner Ehre dargebracht! Amen

28* Unser Vater weiss allein die Zeit

Lieber Freund (in) Be Carefully! Seit Jahrhunderten sind sich die Gläubigen uneinig. KOMMT Nun Jesus vor, Während oder nach der Trübsalszeit. Ich halte es so: Ich möchte genug Öl in meiner Lampe als weise Jungfrau haben. Salz und Licht möchte ich hier auf dieser Welt im Alltag sein. Wachend und betend soll ER mich vorfinden. Ich bin bereit also kann ich mich von IHM unseren Herrn und König überraschen lassen, wann immer ER kommen wird. Jesus kommt wieder, bist Du bereit? Maranatha!

29* Du musst von Neuem geboren werden

Solltest Du meine innige Gottes Beziehung nicht bemerkt haben, frage ich mich, Wieviel Du von der Thematik verstanden hast, die ich Dir geschrieben habe. Jesus ist Mein Retter Herr und König seit mehr als 30 Jahren und ich erlebe IHN jeden neuen Tag Er der das gute Werk in mir angefangen hat wird es auch beenden. Noch einmal frage ich Dich; Ist Jesus Christus der Gekreuzigte, wirklich Dein Retter Herr und König? Warum kannst Du mir das nicht beantworten? Du redest immer darum herum und wirst nicht konkret. Oute Dich; oder bist du so in der Esoterik verwachsen? Du sprichst immer nur von Gott nie von Jesus Christus und dem Kreuz. Von diesen Berührungen und Manifestationen gewirkt durch den Geist Gottes liest Du in der ganzen Bibel. Werde deutlicher, wer ist Jesus Christus für Dich. Er ist mein bester Freund nur durch Ihn, ist der Weg wieder frei für mich zum Vater. Ich bin ein Sohn Gottes, an dem mein himmlischer Daddy, seine grosse Freude hat. Bist Du seine geliebte Tochter? bist Du wiedergeboren zu einer neuen Schöpfung in Christus, unserem Herrn. Jesus spricht zu Nikodemus in Johannes 3 Du Musst Von NEUEM GEBOREN werden. Lieber Mensch Deine Bekehrung (Umkehr) und die Wiedergeburt gewirkt durch den heiligen Geist gehören zusammen. So wirst Du Sein Kind Johannes 1.12 Das Alte ist vergangen, siehe es wird Alles Neu. Wenn wir unsere Verfehlungen bekennen, so ist ER treu und gerecht und vergibt uns gerne und gedenkt unseren Sünden nicht mehr. 1.Johannes 1.9 Also an was glaubst Du, und wer bist Du?

30* Leben im Alltag durch sein Wort 1

Liebe Schwester; LESE BITTE IM Zusammenhang Vater, Sohn, HEILIGER GEIST, JEDER ist eine Person, die DREI geben unser Dreieiniger Gott. Wer studiert von Euch die Bibel wirklich, wer von euch liest Sie, oder hört Sie nicht nur am Sonntag, wenn der Pastor von der Kanzel zu vielen Themen das Jahr hindurch predigt. THEMEN: wie Das Gebet. Die Kraft des Kreuzes! Unseren Gott wirklich kennen lernen, ruhig werden und Ihm zuhören. Gesund werden in seiner Gegenwart und im Alltag. Gebetserhörung - Durch Einheit und reinem Herzen. Wenn ich bete, glaube ich an einen guten

Gott- Freund, Mein Versorger, mein Arzt Das Abendmahl Geheimnis und Kraft! Wie wichtig ist Schutz, Kraft und Autorität. Geschützt durch das Blut Jesu. Das Leben im Alltag. Wie gehst Du mit Niederlagen um? und was machen die Niederlagen mit Dir? Mir und den Menschen Vergeben, Krone richten, wieder aufstehen und fröhlich meine Strasse weiterziehen. Die Menschen und Situationen loslassen! Rechte abgeben. Nach Gottes Willen fragen und auch tun! Botschafter an Christi statt, Bin ich ein Vorbild Freundschaft, Verlobung, Ehe, endlich sexuelle Vereinigung? Jesus Christus und die Rettung durch das Kreuz. Wie leben wir in himmlischen Dimensionen auf dieser Erde und viele Themen mehr.

30a* Leben im Alltag durch sein Wort 2

Kann ich mir wirklich selbst vergeben oder beherrscht mich weiter Scham? Das sind Alles normale und alltägliche Themen, mit denen wir uns tagtäglich herumschlagen müssen. An Mangel von Erkenntnis geht mein Volk zugrunde. Der Heilige Geist will mich in alle Wahrheit führen und mich an Alles erinnern was Jesus gesagt und für uns getan hat. Du und ich und unsere Entscheidungen fürs Leben um ganz Mensch zu werden, sind hier gefragt. Gottseidank spendet die Heilige Schrift uns darauf Antwort und Trost. GOTT wurde ganz Mensch, kam auf diese Erde, wohnte und weilte mitten unter uns, lebte die Liebe und den Willen seines Vaters, durch den Geist Gottes, verraten durch Judas gefoltert unter Pilatus, gekreuzigt von uns Allen, Es ist vollbracht, gestorben für uns, unsere Sünden, der Welt Sünde, von Gestern Heute und Morgen, Er hat mit seinem Opfer genügt, darum ist der Zugang zu unserem himmlischen Vater wieder frei, am 3. TAGE IST ER auferstanden, Er hat sich seinen Jüngern, aber zuerst den Frauen gezeigt, zum Himmel hochgefahren, Er sitzt heute zur Rechten des Vater. Um uns nicht allein zurückzulassen, kam an Pfingsten in Apostelgeschichte 2 Feuer und Kraft strömte vom Himmel mit dem wunderbaren Heiligen Geist. Er kam als Helfer, und macht mir das Wort auf. Er führt mich in alle Wahrheit, hilft mir zu beten und tröstet mich

GOTTES Gnade und sein Schalom Friede sei mit Euch Allen.

31* Glaubenswerke oder Endlich Leben

Entweder Gesetz oder Gnade. Bitte lese nochmals Römer 6-8 und Galater 3. Bist Du Ein Kind der Freien oder ein Kind der Magd GNADE ODER Gesetz. GLAUBENS Werke oder Gesetzes Werke. Wenn Du aus Liebe zu unserem Herrn handelst, ist es Gottes Gnade, die dich tragen darf. Solltest Du wieder versuchen Gott mit Werken zugefallen, kreuzigst Du JESUS wieder. in diesem Moment ist JESUS für dich vergebens gestorben. Als Er ausrief: Es ist vollbracht, hatte ER das Gesetz, die Opferungen und die Gerechtigkeit aus Werken erfüllt. Jetzt wird allein durch den Glauben an Christus, die Gerechtigkeit Gottes in unserem Leben wirksam. Entscheide Dich für die Werke aus Glauben; lebe und werde ganz Mensch!

32* Beginne zu leben 1

Ein Bruder: Sie verstehen es nicht, obwohl ich es Ihnen klar und deutlich schrieb: Nicht ich richte oder verfluche Sie, sondern Sie werden gerichtet durch die Worte der Heiligen Schrift, gegen die Sie widerstreben und damit der Bibel und dem Heiligen Geist mutwillig widersprechen, damit offenbaren Sie nicht Jesu Christi Geist, denn der tut dieses nicht Ich bin ein Diener des Herrn mit Verkündigungsauftrag, Lehrbefugnis und Amt und damit bin ich nicht nur befugt Ihnen das zu sagen, sondern vor dem HERRN auch verpflichtet dazu, denn sonst würde ich mich selbst schuldig machen vor IHM, Amen. Der HERR sei Ihnen gnädig und komme Ihnen zur Hilfe, bevor es auf dieser Welt Zu Ende geht, Ihre Glaubensfehler durch die Heilige Schrift zu erkennen, Amen

Lieber Bruder: Sollte Der Heilige Geist Dir diese Befugnis wirklich gegeben haben und du von Gott als Lehrer eingesetzt worden bist, dann will ich diesen Gott mit solchen Zauberern als Lehrer, wie du Einer scheinst zu sein nicht kennen und dienen wollen. Komme zurück zur ersten Liebe. Jesus hat Dich und mich zuerst geliebt.

32a* Beginne zu leben 2

Du kennst scheinbar nicht den gleichen Gott wie ich. Mein himmlischer Abba Daddy ist gnädig und barmherzig. Dein Verhalten hingegen gnadenlos, gesetzlich. und lieblos. Versuchst Du in deiner Gemeinde, alle Menschen mit Deiner Zauberei gesetzlich an Dich zu binden. Wie viele Geschwister, hast Du schon zu lebendigen Toten gemacht. Wie lange möchtest Du noch den Heiligen Geist betrüben. Studiere mal Jesaja 55:1-5 komm zum Thron von der Gnade Dort ist Alles schon für Dich zubereitet. Werdet wie die Kinder den Ihnen gehört das Himmelreich. Ich habe das Schwache erwählt, nicht das Starke Lass Dir an meiner Gnade genügen, meine Kraft ist in den Schwachen mächtig DU brauchst nur meine Kraft, umso schwächer Du bist umso stärker kann meine Kraft durch

Dich wirken. (Epheser). So kann ich in Seinen (vom Vater) vorbereiten Werken täglich wandeln. (Johannes 15:5) Ohne mich kannst Du nichts tun. So habe ich meinen Gott, Vater und König kennengelernt. Jesus hat mich schon bedingungslos zuerst geliebt, als ich noch ein Sünder war Er ist für Dich und mich gestorben und nach 3 Tagen auferstanden. Ich lebe, darum sollst Du auch Leben. Jesus wurde ganz Mensch. Auch ich will ganz Mensch werden. Ich möchte so werden, wie Gott mich haben möchte. Warum willst Du nur ein guter Christ sein? Du scheinst ein Kind der Magd zu sein. Hingegen ich bin ein Kind der Freien. Jetzt habe ich genug Öl in meiner Lampe und ich will jeden Tag Licht und Salz sein. Wo immer ich mich aufhalte und Du???! Sei gesegnet lieber Bruder und werde endlich ganz Mensch und fange an zu Leben. Lieber Bruder, wann hast Du Gottes zarte Liebe das letzte Mal gespürt und erlebt. Ihn als wunderbarer ABBA lieber Daddy, der Dich umarmt und mit Dir knuddelt. Herrlichkeit Halleluja tut das gut. Ich liebe es!

Ausgehend von Philipper 2:1-30 (1-5) Gibt es nun irgendwelche Ermahnung in Christus, gibt es Zuspruch der Liebe, gibt es Gemeinschaft des Geistes, gibt es Herzlichkeit und Erbarmen, so machet meine Freude völlig, indem ihr eines Sinnes seid, gleiche Liebe habet, einmütig und auf eines bedacht seid, nichts tut aus Parteigeist oder eitler Ruhmsucht, sondern durch Demut einer den andern höher achtet als sich selbst, indem jeder nicht nur das Seine ins Auge fasst, sondern auch das des andern. Denn ihr sollt so gesinnt sein, wie Jesus Christus auch war. (Philipper. 2:1-5 SCH51)

33* Gedanken Machtkampf 1

Wir müssen eines unbedingt wissen. Es gibt immer nur zwei Möglichkeiten, wie wir mit unseren Gedanken umspringen können. Zum einen können wir sie ignorieren und einfach laufen lassen zum anderen, sind wir befähigt worden mit biblischen Wahrheiten dementsprechend zu handeln. Der Gott der Geduld und des Trostes aber gebe euch, untereinander eines Sinnes zu sein, Christus Jesus gemäß, Römer 15:5 SCH51 erneuert euer Denken! Was Gut auf erbauend und was vollkommen ist, darüber denket nach. Was in deinem Herzen ist. Das verlässt deinen Mund. Bekannte Beispiele:

-Adam + Eva, -David + Saul, -Ruth + Ehemann, -Esther + König -Daniel + Löwengrube, -Jeremia + Hohepriester, -Petrus +Feuer -Paulus + Kerker,- Meine Angriffe im Halbschlaf,- Kinder auswärts + Eltern in Sorge, -Finanzen + Sorgen

Statement:

Es sind immer nur zwei Möglichkeiten wie wir handeln können; Darum lasst uns dankbar segnen nicht Fluchen.

33a* Gedanken Machtkampf 2

„Denn von innen, aus dem Herzen des Menschen, kommen die bösen Gedanken hervor, Ehebruch, Unzucht, Mord, Diebstahl, Geiz, Bosheit, Betrug, Zügellosigkeit, Neid, Lästerung, Hochmut, Unvernunft. All dieses Böse kommt von innen heraus und verunreinigt den Menschen. "Markus 7:21-23 SCH2000Überaus trügerisch ist das Herz und bösartig; wer kann es ergründen? Ich, der Herr, erforsche das Herz und prüfe die Nieren, um jedem Einzelnen zu vergelten entsprechend seinen Wegen, entsprechend der Frucht seiner Taten. Herr prüfe mein Herz und siehe, wie ich es meine "Jeremia 17:9-10 SCH 2000 Ja stimmt schon. Aber es gibt ja auch Gutes, das aus einem Menschen kommen (Talente usw.) kann. Also nicht nur Schlechtes.

33b* Gedanken Machtkampf 3

„Jesus, aber sprach zu ihm: Was nennst du mich gut? Niemand ist gut als Gott allein!" Markus 10:18 SCH2000 Römer 3.23 Nicht Gutes wohnt im Menschen und niemand hat Gott je die Ehre gegeben. Gott hat Dich sehr gut gemacht, aber nur durch Christus der Du in deinem Herzen wohnen lässt, ist Gutes in Dein Leben gekommen. Nur so, allein durch diese unverdiente Gnade, kannst Du vor Gott unserem himmlischen Vater bestehen. Es ist nur sein Verdienst. Gottes Gabe ist es. Ihm allein gebührt die Ehre? Ohne Ihn ist es vielfach aus Eigennutz und zu unserer Ehre. Nur durch Jesus Christus, der in unserem Herzen wohnt, können wir das Gute aus der Kraft seiner Gnade aus unseren Herzen hervorbringen. Nur so können wir Gottes Hände, Füsse und Mund sein!

34* Vielleicht hat Gott Corona usw. zugelassen

Lieber Freund, Fange an wirklich Gott zu suchen, sein Wort intensiv zu studieren und mit geöffneten Augen durch diese Welt laufen. Wir Gläubigen, werden jetzt noch näher am Vaterherz Gottes leben müssen und Menschen ermutigen es mit Jesus zu versuchen. Die Gottfernen haben jetzt auch viel mehr Zeit über Ihr Leben nachzudenken und nach dem Sinn des Lebens zu fragen. Mein Glas ist halbvoll, genug Öl habe ich in meiner Lampe! Salz und Licht möchte ich jeden Tag sein.

Wie steht es mit Dir?

35* Hast Du eine lebenswerte Zukunft?

Hallo liebe Freundin

Suche die Wurzel und vertraue auf Gott. Lerne Jesus Christus als Deinen Erlöser kennen. Er hat Dich zuerst geliebt. ER weiss wie das Leben funktioniert und nur ER weiss, was das Beste für Dich ist. Vertraue Dich jetzt Ihm an. Nur mit Ihm, wirst Du eine lebenswerte Zukunft haben. MIT Symptom Bekämpfung haben wir keine Zukunft. Besser wird es nicht mehr. Es wird nur noch schlimmer und unverständlicher werden. Was in der Heiligen Schrift steht, erfüllt sich Tag für Tag Woche für Woche vermehrt vor unseren Augen. Denke darüber nach und sei vorsichtig.

36* Trump ist ein Plan Gottes; Was meint Ihr dazu?

Ob Trump errettet ist, weiß nur Gott. Jetzt aber mal einige interessante Infos.

Als er geboren wurde, gab es einen roten Mond in Israel.

An seinem ersten Tag als Präsident (im Weißen Haus) war er 70 Jahre, 7 Monate und 7 Tage alt (777).

Er wurde als Präsident ausgewählt, am Tage als Benjamin Netanyahu 7 Jahre, 7 Monate und 7 Tage Premierminister war (777/Israel).

Er hat Hillary Clinton zu 304:227 besiegt, 77 Punkte mehr und weitere 7 Punkte wurden dann "aufgeteilt", 2 gegen Trump, 5 gegen Hillary. Nochmal 777

Exakt 7 Monaten nach dem er als Präsident eingesetzt worden war. gab es eine Sonnenfinsternis. Dieses Ereignis ereignete sich im hebräischen Jahr 5777. (2. Oktober 2016 - 20. September 2017)

777 ist die perfekte Zahl Gottes! Gott ist unser Herr und König, er weißt was er macht. Er wählt diejenigen aus die er will und nicht die wir wollen! Er hat einen Esel gebraucht um den Propheten Bileam "aufzuhalten".

Trump ist ein Plan Gottes; Was meint Ihr dazu?

Wir sind wir und Gott ist Gott!!! Amen

37* Trump trotz unglücklichen Aussagen ein starker Präsident

Viele von Euch erzählen solchen Müll über Trump Ja er hat 2x seine Firma in den Bankrott getrieben, Menschen enttäuscht, sich wieder erholt und aufgerappelt. Abgesehen von seiner unglücklichen Art sich immer wieder ins Fettnäpfchen zu setzen oder hineinzutreten, ist er ein Starker Präsident und hat ziemlich alles erfüllt, was Er versprochen hat. Viele von Euch sind so vernebelt durch die Corona Mentalität, dass Ihr gut daran tun würdet, in Euren Häusern und Familien, Ordnung zu bringen und auch zu halten. Anstatt Trump zu verurteilen, der über 100 Millionen Amis führen und bei der Stange halten muss. MACHT DAS erstmal 4 Jahre oder nur 1 Woche lang und haltet es auch noch durch mit seiner Hingabe Seid Ihr wirklich solche Schwätzer, oder setzt Ihr Euch in Eurem Leben wirklich für bleibendes Geschehen und Menschen ein. Schuster bleib bei Deinen Leisten. Seid still und erkennt, dass ich Gott bin, steht in der Bibel. Wischt bitte den Boden, vor Euren eigenen Türen, und arbeitet an Euren eigenen Herausforderungen Auch mich geht dies an. Ich werde es jedenfalls tun.

38* Ermutigungen sind Honig auf meiner Seele

Ein Bruder zu mir: Du bist ein genialer Mann Gottes. Manchmal habe ich Dich auch unterschätzt. Dies tut mir leid. Heute während des Gesprächs Dein Herz zu spüren, hat mir sehr wohl getan.

Lieber Bruder Diese Ermutigung ist Schokolade, Nougat und Caramelsauce auf mein Herz gewesen. Dies habt mich tief berührt. Sofort strömten Tränen über mein Gesicht. Unser himmlischer Vater ist so gut zu mir! AMEN

39* Gott ist die Bildung des Charakters wichtiger

Ich vergebe dir

Es hat nichts damit zu tun, was Du alles für Gott tust.

Schon wieder hattest Du das letzte Wort. Meine letzte Frage an Dich ist. Wann hast Du das letzte Mal vor Gott richtig kapituliert und Dich im Alltag gespiegelt oder Dich von Anderen spiegeln lassen?

Du bist gesegnet Hebräer 5.14

Seele was bist Du so unruhig in mir. WoW hattest Du einen Übervater oder hat Dich Deine Mutter gelehrt immer das letzte Wort zu haben. Ich habe Dich sicher aus Deiner Comfortzone geholt, aber für Dein giftiges und unfreundliches Verhalten bist Du selbst verantwortlich. Charakterbildung beschrieben in Galater 5.22 ist unserem himmlischen Vater wichtiger als unser Dienst oder unsere Berufung.

40* Wieso bin ich peinlich?

Lieber Bruder, Corona-Verschwörung Trojanisches Pferd: Wieso peinlich?! Ein Sauerstoffmangel greift in kürzester Zeit Unsere Organe an, Dies kann Dir jeder Neurologe bestätigen. Langzeit Schäden sind Dement Herzkranzschäden usw. Nach dem Corona wird es nicht besser. In der weltweiten Fürbittebewegung kann Dir jeder glaubhaft machen, dass es nur noch schlimmer wird. Die letzte

Erweckung wird auch noch kommen. Verschwörung oder andere Theorien, NEIN> wach auf lieber Freund. Hast Du schon vom 1000 Punkte System in China gehört. Wunderbarer Heiliger Geist: Mach uns wirklich die Augen, lass uns erwachen und aufstehen, wo immer wir immer noch schlafen Jesaja 60:1 Hebräer 5:14 und 1. Kor. 2:14-16 Haben wir als weise Jungfrauen, genug Öl in unseren Lampen. Sind wir noch Salz und Licht unter unseren Gleichen und auch den Gottfernen. So viele Christen fürchten sich. 366x steht in der Bibel; fürchte Dich nicht. Dazu sagt Jesus: In der Welt habt Ihr Angst, Furcht, aber siehe ich habe die Welt überwunden. God bless you. Wir schauen auf den Anfänger und Vollender unseres Glaubens. Von David. Der Herr ist mein Licht und mein Heil, er rettet mich. Vor wem sollte ich mich noch fürchten? Bei ihm bin ich geborgen wie in einer Burg. Vor wem sollte ich noch zittern und zagen? Psalm 27:1 Hoffnung Für Alle Amen!

41* Die Bibel widerspricht sich nicht. 294 =2+9+4= 15 3x5 3x erfülltes Leben. La Chaim

Lieber Freund, es ist ermüdend immer wieder das gleiche hören zu müssen Sage mir eine Stelle in der Bibel, die sich widerspricht, Ich liebe Jesus seit 34 Jahren sehr, darum studiere ich diese gerne, Die Heilige Schrift, ist heute so aktuell, wie vor über 2000 Jahren. DAS Alte Testament und das Neue habe schon einige Mal gelesen. Weiter studiere ich regelmässig Themen aus ihnen. Nur weil Du Das Wesen Gottes und das Leben mit Ihm nicht zu verstehen scheinst, kannst Du nicht einfach sagen, die Bibel widerspricht sich. Lerne Jesus kennen und glaube seinem Wort. WARUM?! Er hat Dich zuerst geliebt ER ist für Dich und Deine Schuld am Kreuz gestorben und auferstanden. Die Strafe lag auf Ihm, auf das wir Frieden hätten. Jesus Lebt; Du bist kostbar und

wertvoll. Er wartet auf Dich. Sag zu Ihm. ER hat einen Plan für Dein Leben. ER weiss wie das Leben funktioniert. Bleibe gesund Alles Gute. Gruss Andi.

42* Geniessen oder stehlen lassen Nr. 332 = 3+3+2=8 WoW

Manchmal müssen wir tiefer Graben oder in das Wasser schreiten. Bevor wir Frucht sehen, Ihn um seinetwillen anbeten und auch den Nöten der Menschen um uns herum begegnen. Gerade weil wir Druck haben oder unter Druck stehen. Zum Beispiel mit Ungeduld im Laden an der Kasse oder der Lieblingsparkplatz fehlt. Vielleicht wird wieder die Mittagspause verschoben oder eine Mitarbeiterin, hat die Ferien oder Freitage vor Dir eingegeben. Auch das Tauschen wird schwieriger als gedacht. Es gibt nur das Leben! Du hast nur dieses! In Johannes. 10.10 steht; Der Dieb kommt zu rauben und zum Stehlen,

ICH Jesus aber bin gekommen, dass Ihr in allem vollstes Genüge habt und das Leben geniessen könnt.

43* Welchen Platz nimmt Gott bei Dir ein

Liebe Schwester ist das Wort Gottes Deine Lebensstimmgabel unter der Führung des Heiligen Geistes. Ist Jesus nur Dein Retter Und Erlöser und wenn Du Ihn siehst, siehst Du unseren Abba Vater. Johannes die Kapitel 10,14, 17. Darf ER auch Dein Herr und König sein. Darf ER Dir Tag für Tag neue Aufträge geben, die Du aus Liebe im Gehorsam ausführst, wirst, oder gehst Du Deinen eigenen Weg. JOH. 10.27 SAGT: Meine Schafe hören meine Stimme und Sie folgen mir nach. Bist Du nur ein Kind Gottes und trinkst immer noch Milch oder bist Du ein echter Nachfolger. Gott kommt zuerst im Alltag. DU und Gott, Deine Fam. Deine Arbeitsstelle. Deine Freunde und Hobbys. Und dann erst die Gemeinde. Das Wichtigste ist Dein Leben mit Gott im Alltag. Also welchen Platz nimmt ER in Deinem Leben, an jeden neuen Tag ein?!

44* Seine Gnade oder unser Glaube

Es geht nicht darum mehr GLAUBE zu haben, sondern ohne ZWEIFEL zu GLAUBEN! Wo steht das? (Hebräer 11:1) Dies ist so nicht richtig. Wir dürfen unsere Zweifel nicht glauben. Wie gross ist ein Senfkorn. Dieser winzige Glaube genügt, um Gott zu gefallen und um an einen grossen Gott zu glauben! Also habe den Glauben Gottes

45* Vergebung, Loslassen und - Gebetserhörung

Liebe Freunde und Geschwister wir wollen, dass Gott unsere Gebete erhört. Legt ab Euren Ärger, Wut Unvergebung, und Bitterkeit. Empfangt Vergebung und vergebt ihnen. Lasst sie los. Lasst Euch am Herzen unseres ABBA Papi gesund lieben. Sucht unseren Vater um seiner- willen auf, habt Gemeinschaft mit Ihm und hört Ihm zu. ER Weiss was ihr bedürft. ER wird Euch geben, was ihr braucht. Euer Becher wird überfliessen und es wird zum Weitergeben ausreichen. Habt weiter den Glauben Gottes!

46* Deine Wunde soll verbunden werden

Liebe Schwester, Du geliebte Tochter unseres Vaters, der seine grosse Freude an Dir hat. Sei wirklich getröstet und Deine Wunde soll verbunden werden. Bete und erwarte, dass Dir Gott Recht verschafft. Bist Du der einzige Nachfolger Christi bei der Arbeit? Sonst wärst Du das einzige Licht und Salz im Dunkeln, im Leben Deiner Mitarbeiter. Wenn Sie Dich angreifen, greifen Sie unseren Herrn Jesus Christus an. Ihn wird es auch sehr schmerzen. Wenn wir Schmerzen und Pain erleben, haben wir Anteil an den Schmerzen Christi. Vergiss nicht, andere Geschwister auf dieser Welt erleben dasselbe wie Du zur selben Zeit. Ich erlebte bisher diese Herausforderungen So: Solange ich nichts anderes von IHM höre, ist dies mein Platz. Sollte mir Gott zeigen, ich werde an einem anderen Ort von Ihm gebraucht, werde ich zum richtigen Zeitpunkt, das eine beenden, um am neuen Ort Arbeit usw. meinen Platz einnehmen. Unser Abba wird Dich verbinden und Deine Tränen hat ER gesehen, Er lässt Dich nicht im Stich. Mit einem Mantel des Trostes umwickelt Er Dich! Mit Weisheit bist Du ausgestattet und Du hörst SEINE sanfte, leise Stimme. Amen hat es Dir gehilft (geholfen) Wenn Frieden Dich begleitet, dann kannst Du den Job loslassen, wenn Du so weit bist. Wir dürfen auch Fehler machen. Trotzdem glaube ich, DU hast das Reden Gottes genau gehört und weisst was zu tun ist. Erwarte etwas

Neues Starkes von IHM und werde nahe an seinem Herzen gesund.

47* Jesus und die Frauen

Ein Bruder: Lieber Andi, Frauen sind Ämter nicht gestattet und auch die Lehre nicht. Wer anderes lehrt steht unter dem (Verdammnis) Anathema. Amen.

Ich: Die Bibel sagt uns im neuen Testament. Sowohl Frauen wie Männer sind in der Familie Hohepriester. Macho, Macho, Macho hört auf. Wie ist Jesus mit den Frauen umgegangen. Er war liebevoll, barmherzig, tröstend und freisetzend.

Mein Bruder, nochmals sage ich Dir: Ich verdamme Dich nicht, aber die Heilige Schrift tut es, gegen die Du wider den Heiligen Geist "wütherist", verzeih bitte das Wortspiel. Halte Dich an die Heilige Schrift, dann stehst Du auch nicht automatisch unter dem ANATHEMA des Paulus Amen.

Ich: Lieber Bruder; Diese Lehre ging an die Gemeinde der Korinther. Bitte studiere das Wort Gottes im Zusammenhang. Möglicherweise lebst Du nicht unter der Gnade und mit der Gnade Gottes, sondern das Gesetz ist Dein Steckenpferd. Darum scheinst Du mir mein lieber Bruder so unfrei und auch frauenfeindlich zu begegnen. Schaue wie liebevoll und voller Erbarmen, Jesus mit den Frauen umgegangen ist. Jesus sein Leben und sein Handeln ist mein Massstab. Auch waren die Frauen zuerst am leeren Grab. Die Jünger aber glaubten ihren Schwestern nicht. Weil Du mich durch das Wort verfluchen willst, wird Jesus Dich zu Rechenschaft ziehen. Er wird mir Recht verschaffen, ich muss es nicht selbst tun. Wie kannst Du sagen, Du liebst Jesus und hasst Deinen Bruder. Von Herzen vergebe ich Dir sehr gerne. Ich habe geschlossen. Amen Loslassen lernen

48* Mein wichtigster Mann in meinem Leben wird immer mein Sohn bleiben!

Liebe Frau und Mutter Glauben Sie nicht, es ist an der Zeit Ihren Sohn «loszulassen» Der wichtigste Mann sollte Dein Partner sein. Dein Sohn wird sonst als Ersatzpartner für Dein Wohlbefinden missbraucht. Er soll losgelöst von Dir glücklich werden. Er wird immer Dein Kind, Dein lieber Sohn bleiben. Mit Deiner jetzigen Einstellung wird sich jeder zukünftige Partner früher oder später wieder verdrücken oder vom Acker machen. Wer ist schon gerne das fünfte Rad am Wagen. Klammern hilft nicht, um deine Defizite und Dein Mangel auszufüllen. Viele Mütter werden Dir gerne bestätigen, Ihre Söhne, so fast verloren zu haben. Er darf und sollte sein eigenes Leben haben dürfen. Bitte lerne Deinen lieben Sohn loszulassen und beginne Dein Leben auch wirklich allein zu geniessen. Mit deinen Bedürfnissen solltest du Dich zu deiner wahren Lebensquelle begeben Gott? Ja Er, ist nach meinem Empfinden der Einzige der ausdrücklich weiss wie das Leben funktioniert

49* Umkehr-Gott zuerst - Das Gehörte endlich tun!

Warum haben wir in unserem Land auch so viel Umstände und Herausforderungen. Wir sollten IHN unseren Gott wieder vermehrt suchen. solange Er zu finden ist.ER muss Umstände in unsere Leben, Länder senden, Sollten wir nicht auf Ihn hören und das tun was Er uns bereits gesagt hat. Also müsste ER Vieles zulassen. So müssen wir uns nicht weinerlich oder traurig fragen, warum Gott nicht mehr zu Dir oder zu mir spricht. suche in der Bibel mein Bruder, meine Schwester. tue fruchtbare Werke der Busse und kehre dorthin zurück, wo Du Gott noch um seinetwillen angebetet hast. Jetzt steh auf! (Jes. 60.1) tue jetzt Die Dinge die Gott Dir schon lange aufgetragen hat. Währenddessen oder später wird Gott wieder anfangen zu Dir und zu mir zu sprechen. Also stehen wir auf und machen uns ans Werk Amen Sela

50* Liebe Leben ist eine fruchtbare und wunderbare Arbeit

Eine Freundin: Verliebtheit, Liebe und jemanden zu lieben ist ein Gefühl. Das einfach da ist, ob wir wollen oder nicht

Was macht dieses Verliebt sein mit Dir und wie gehst Du damit um?

Liebe ist grundsätzlich eine Entscheidung deren Gefühle folgen können, aber nicht unbedingt müssen. VERLIEBT SEIN IST ein blind schweben auf rosa Wolken und darum nur schwer zu kontrollieren. Warum? Weil wir nicht mehr klar denken können oder wollen. Wir wollen in diesem Zustand ewig bleiben, bis uns die Realität und der Alltag wieder einholt und unsere Partner(in) ins rechte Licht gerückt wird. Jetzt muss ich mich entscheiden, will ich Ihn oder Sie, auch täglich mit den Schattenseiten. Lieben lernen. Vielleicht lässt Du es auch einfach bleiben. Wahre Liebe aber braucht Zeit und Geduld, um langsam wachsen zu können. Nachdem die Rosa Wolken ein wenig verflogen sind. Beziehung In der Liebe leben heisst; daran arbeiten, um es miteinander schön zu haben. Stell Dir vor, loslassen, entschuldigen, Einigung und Meinungen stehen lassen usw. Dies jeden Tag, jeden Monat, das ganze Jahr und vielleicht das ganze Leben hindurch.

WoW: Wie anstrengend, schön und doch wunderbar ist das denn Ps. Liebes Beziehungen müssen täglich liebevoll und geduldig gehegt und gepflegt werden. Gefühle werden dabei immer mitschwingen, aber Deine klaren Entscheidungen müssen auch zum Tragen kommen.

51* Liebe Scharon

Noch wach las ich ganz interessiert und vertieft, Dein wertvolles und sehr aufschlussreiches Interview. Deine Offenheit und Transparenz ehren mich sehr. Natürlich auch im letzten Brief von Dir. Ich spreche Dir auch den Trost (2. Kor. 1. 2-7) unseres himmlischen Vaters zu. Nur zu oft, habe ich es in den letzten zweieinhalb Jahren erlebt wie die Antwort einfach aus- blieb. Bei Vielen vermutete ich Bindungsängste und Sie konnten mit meiner Direktheit nicht umgehen. Liebe Scharon Deine Direktheit, empfinde ich als sehr angenehm. Grosses Sorry, für mein sehr spätes zurück melden bei Dir. Dein Interview ist sehr angenehm zu lesen und ich habe mir sehr gerne Zeit dafür genommen. So kann ich Dich und Deine Art zu leben auch besser schmecken und nachvollziehen. Du weisst ja: Schmecket wie gut Gott ist. Auch will ich immer mehr wie Jesus ganz Mensch werden. Darum möchte ich auch immer mehr mein Gegenüber spüren, um auf seine Bedürfnisse eingehen zu können. Einander Lieben heisst; Zuerst dem anderen «in Allen Belangen, zur Erfüllung verhelfen.» Mit allen Möglichkeiten, die ich mit Gottes Hilfe ausschöpfen kann. Ich hoffe ich bin Dir jetzt nicht zu direkt. Auch ich liebe Nougat, Hand in Hand Sonnenuntergänge bestaunen. - Filme wie E- mail für Dich Schlaflos in Seattle - Die Katze auf dem heissen Blechdach mit Liz Taylor - Weites Land mit Gregory Peck usw. zusammen geniessen. Du betest mit Klavier und Deiner wunderbaren Stimme an. Mit meinen Panflöten, dem Tamburin, Schofar und meine Baritonstimme, bin ich gerne mit Dir vor dem Thron unseres Gottes, um Jesus anzuschauen und unseren ABBA Daddy zu sehen. Liebe Scharon, war das Zuviel für Dich. Ich hoffe nicht. Bis Bald Einen lieben Gruss aus der CH Von Andi

52* Liebe Scharon, Du hast wirklich ein wunderschönes Lächeln.

Ein wunderbarer Mensch, bist Du sicher auch. Bist Du unglücklich verliebt, dass Du mich anlächelst. Solltest Du glücklich verliebt sein, Dich bald verloben um später in den Hafen der Ehe einfahren wollen; dann verstehe ich nicht, warum Du mich anlächelst! Wirst Du mir je schreiben? Falls ich glücklich verliebt wäre, Abmelden würde einer meiner ersten Handlungen sein. Niemandem möchte ich falsche Hoffnung machen, oder auf verschiedenen Hochzeiten tanzen. Beziehung Leben ist kein Spiel. Liebe Scharon, wo stehst Du und was möchtest Du wirklich hier? Etwas zu wagen auch in einer jungen Beziehung und Verantwortung übernehmen ist nie einfach. Was ist in Deiner Beziehung los? Was hat Dich bewogen mich anzulächeln? Bis bald, Du bist gesegnet Liebe Grüsse aus der wunderschönen Schweiz.

53* Erinnerung Vorwort

Wir alle haben unterdessen in unserem Leben verstanden, Beziehungen zu leben, ist das schwierigste Unterfangen überhaupt. Von Anfang bis zum Ende unseres Lebens, durchlaufen wir jede Menge und aller Art von Beziehungen.

Unsere Erziehung Zuhause, in der Schule und unsere Freizeit Gemeinschaften, werden mehr oder weniger erfreulich gewesen sein. Sie sind sehr entscheidend in der Wahl unserer Partner und Partnerinnen. In den ersten vier Kinder Jahren, entwickelt sich dein Grundcharakter. Dieser wird wesentlich deine Entscheidungen bei Beruf und Partnerwahl stark mit beeinflussen.

Dazu kommen diverse reisserische Aussagen von Partneragenturen:

Ich bin Single und geniesse es!

Wenn aus einem Abenteuer mehr wird!

Geniesse es, Du bist es dir wert!

Diese Agenturen und die ganze Werbeindustrie, wollen dir mit Ihren wunderbaren Möglichkeiten das Leben erklären. Proklamation: Du brauchst mich, Lebe mit mir! Ohne mein Mobilphone, kann ich nicht mehr existieren?! Seid Ihr sicher, Liebe und Sex ist dasselbe? Seid Ihr es nicht leid, immer wieder von einer Beziehung enttäuscht zu werden und von vorne anfangen zu müssen, echte Lebenslust und Befriedigung zu finden. Ist dies möglich?

Beziehungen sind für mich Schulstunden und Pausen des Gebens, ohne etwas zu erwarten. Ihr wisst es auch, Erwartungen werden meistens enttäuscht. Für mich ist dies auch heute noch schwer. Seit vielen Jahren kommt bei mir in diese Enttäuschung oder Selbstverletzung eine dritte mich liebende Person hinein. Ihr habt es längst erraten; Es ist Gott selbst, der in mir seit über 30 Jahren wohnt. ER selbst trägt, mich mit seiner Gnade durch jeden neuen Tag hindurch. Ich kann jetzt dem anderen und mir aus der Kraft Gottes vergeben. An seinem Herzen darf ich mich gesund lieben lassen. Gott ist nicht tot! ER lebt und ist erfahrbar als Vater. Stelle Dir vor du musst nicht mehr allein, in dieser unbarmherzigen und gewalttätigen Welt existieren. Als von Gott geliebter Mensch, kannst Du jedem Menschen mit Seiner Liebe, barmherzig und vergebend begegnen und Dein Leben geniessen. Dies ist doch echte Befriedigung! (Zufriedengestellt werden, erfüllt Leben) Jesus sagt dir heute, Ich lebe! Jetzt ist die Zeit lebe auch Du!

54* Du bist willkommen!

Jesu Christus ist Mein Glück. Er hat mich zuerst geliebt, darum lebe ich mein Leben seit über 30 Jahren mit Ihm. Es gibt für mich nichts Besseres. ER hat einen Super Plan für mein Leben. Wenn er mich gemacht hat und Ich ein Wunschkind nach seinem Plan bin, wieso sollte ich mich Ihm nicht Anvertrauen. Bei Jesus musst Du nichts bringen, Jesaja 55. 1-5. ER hat alles vor dem himmlischen Vater, für Dich erfüllt. Darum hat er am Kreuz ausgerufen: Es ist vollbracht! Jemand gibt es, der Dich einfach bedingungslos so liebt, wie du bist, der Dir gibt was Du brauchst, ER lässt Dich nie im Stich und Du wirst nie mehr allein sein. Es gibt jemand der Hoffnung Leben und Zukunft für Dich bereithält. Er Jesus Christus hat gelitten, und ist am Kreuz für Deine Ängste, Nöte und Schuld gestorben und auferstanden. Komm her zu IHM da Du mühselig und beladen bist kommt zum Leben, ich will Dich erfrischen. Komm zu mir mein wunderbarer Mensch, Ich will Dir Neues LEBEN geben. Johannes 3:16, 1:12 u. Joh. 14:6 Ich bin der Weg, Die Wahrheit und das Leben, niemand kommt zum Vater, als nur durch mich. Ich liebe Dich sagt Jesus zu Dir. Sage mir heute noch, dass Du mich kennenlernen möchtest, ich werde mich Dir zu erkennen geben und Du wirst nie mehr allein sein. Komm jetzt, ich warte auf Dich, Ich, JESUS, möchte Dir ein Leben zeigen, dass Dich mit Liebe, Glaube Hoffnung und Sicherheit erfüllt. Eines kann ich Dir versichern: Den Himmel gibt es wirklich. Komm jetzt zu mir, Du bist herzlich willkommen, Ich warte auf Dich Jesus! Psalm 23, 103, u 139 Johannes 14 und 17. Johannes 3 sagt: Du musst von Neuem geboren werden. und Joh. 1.12 Jedem der Ihn aufnimmt, gab er Macht Gottes Kinder zu werden die an Seinen Namen Glauben. Tue Busse und kehre um und nimm Jesus als Deinen Erlöser und Herrn an. bis bald, Sei umarmt und ewig geliebt Lieber Gruss

55* Spielen wir noch eine Rolle

Die Weltordnung gerät aus den Fugen! Können wir noch hoffen? Was sollen wir von der Gesellschaft, von den sozialen Netzwerke oder vielleicht von Gott erwarten? Was erwarten die anderen oder Gott von uns? Haben wir trotz allem eine Rolle zu spielen. Auch In schwierigen Zeiten sollen wir jeden Tag, diese Arbeiten weiter verrichten und einander dienen.

56* Ja Ich will mich unbedingt impfen lassen

Lieber Bruder, wie kommst Du darauf. Keine Testperson zu sein. Eine Zulassung gibt es im Normalfall erst nach 7-10 Jahren, Diese Impfung kommt nur mit einer (getestet 5-8 Monate und 0,2% bewiesenen Schutz) mit Notzulassung ohne, dass ein Konzern je irgendwelche Verantwortung tragen muss. Diese Impfung mit vielen Giftstoffen, willst Du Dir reinjagen lassen. Ich schaue unbedingt auf meinen Gott, aber einen Verstand hat Er mir auch mitgegeben! Dir sicherlich auch! Viele werden sich aus Nicht Wissen impfen lassen. Andere aus der Gruppendynamik und Ausschluss Gefahr. Andere aus Angst sich anzustecken. Leider wird diese Angst, wie ein Feuer aus dem politischen Lager und den Chemiekonzernen angefacht. Ich muss erwähnen es gibt keine sichtbaren Grippen Toten mehr. Diese fallen in Europa unter Corona Tote. weiter hören und sehen wir den schweren Verlauf des COVID 19 Den schweren Grippen verlauf, wurde mir noch nie (2500- 3500 T. jährlich in der CH) gezeigt. Die Toten Menschen Schweizweit haben insgesamt jährlich nur minimal die letzten 2 Jahren (Febr. 2020/21 Okt. zugelegt. Leider wurden in der Statistik der COVID 19 Toten viele Patienten eingetragen, die an anderen Gebrechen gestorben waren. Vor der Drogen-Abgabe-Abstimmung der CH in den 90 gern, wurden viele frisch gestorbene Drogenabhängige in eine andere Statistikreihe eingetragen, um diese aufzuwerten Die Statistik hiess: Drogenfrei oder los gekommen. Pervers nicht!

Liebe Scharon, die Meinungen sind auch in der Schweiz geteilt. Ich habe im Mai 20 eine neue Niere bekommen Laut meinen Ärzten müsste ich mich unbedingt impfen lassen, was ich nicht tun werde. NORWEGEN hat die zwei verschiedenen Impfstoffe vor kurzem verboten. Sie haben bereits Viele Tote wegen der Impfung. Wo sind die Minimum 8 Jahre Kontrolle von Nebenwirkungen. Bitte prüfe Alles was Du hast und frage deinen himmlischen Daddy. Du darfst mir jederzeit schreiben. Du bist gesegnet Epheser 1.3 Maranatha der Herr kommt. Einen lieben Gruss Andi

57* Der Chip der uns versklavt

Das ist kein Fake bereits in den 80iger Jahren bekamen 5000 Australier als Testpersonen einen Chip unter die Haut als Bankarten alternative Seit 10-15 Jahren können Disco oder

Studiobesucher in London und Paris mit einem Chip unter der Haut bezahlen. In Deutschland hat sich ein Grosskonzern entschieden seinen Mitarbeiter kostenlos ein Implantat zu ermöglichen. Jeder Mitarbeiter darf sich intern den Chip schiessen lassen. Es erleichtert das Leben intern ungemein. Ich halte mich dennoch davon fern, aber es ist schon lange aktuell! Wo wirst Du Deine Ewigkeit verbringen. Ich liebe Jesus Christus und folge Ihm nach und Du?!?

58* Bitte lass Dir ein weiches Herz geben

Ein Bruder: Woher weißt du, ob ich kein Prophet bin? Hat dir dies Gott gesagt? Du kannst mich schon entfernen, aber wenn Gott durch mich spricht, wirst du Gott entfernen, der in mir wohnt, und wer Gott entfernt, der nimmt sich den Satan zum Vater und der bleibt nicht unbestraft, Ich kann die Menschen nicht durch Lügen erbauen, so wie es die meisten Pastoren tun. Lügen erbauen nur kurzfristig. Langfristig bringen sie aber die Menschen zu Fall und stürzen sie ins Unglück. Wie soll ich die Menschen deiner Meinung nach erbauen? Vielleicht kann ich etwas von dir lernen?

Ich: Prüfet alles das Gute behaltet

Ich: Lieber Bruder, wahre Liebe durch Gnade hast Du in deinem Leben wahrscheinlich noch nicht erfahren. Gott ist kein Zyniker Warum höre ich von dir nur Gericht Zu lesen ist hier nur Verdammnis aber keine Ermutigung Propheten leben in Unterordnung in einer Gemeinschaft oder in einer Gemeinde. Sie sind gesalbt worden und Ihre guten Früchte sind sichtbar. Prophetisch diene ich dem Leib Christi seit ca. 25 Jahren. Jesaja 57 und 58 Psalm 139 Psalm 53 Psalm 103, Johannes 10, 14, 15, 17 und Epheser nehme ich sehr ernst. Ich bin kein Prophet, Gottes Wort möchte ich den Menschen in Liebe als Balsam und Trost weitergeben. Deine Geschwister abzuschiessen Ist nicht deine Aufgabe Du bist ein wertvoller und kostbarer Sohn Gottes. Die anderen sind aber auch Gottes Kinder. Behandle Sie bitte mit diesem Respekt. Halte unserem himmlischen Vater Dein Leben hin. Lass Dir ein weiches Herz für Dich und Deine Mitmenschen geben. Du bist geliebt und gesegnet. Epheser 1.3

59* Kleines Morgengebet

Guten Morgen Heiliger Geist, Jesus mein König, ABBA lieber Vater. wer ist so wie DU. Ich danke DIR für diesen neuen Tag. Dies ist der Tag den der Herr gemacht. Ich will mich freuen und fröhlich sein. Mit DIR mein kostbarer und wertvoller Gott an meiner Seite, wohl gewappnet mit der Waffenrüstung, werde ich mich in Deiner Kraft in und durch meinen Alltag bewegen. Danke mein lieber Vater, der du mich mit Deiner Gnade durch jeden Tag trägst. Ich bin mutig und stark, ich fürchte mich nicht. DU bist mit mir in allem was ich auch tun werde. Ja Herr Amen Mit diesem Amen beginnt für mich der weitere Alltag ohne meine Gemeinschaft mit Gott zu beenden.

60* Erfüllenden Sex aus einer vertrauensvollen und starken Beziehung.

Du kostbare und wertvolle Frau, Du scheinst ohne Ironie nicht mehr durchs Leben zu kommen. Was läuft bei Dir in Deinem Leben schief

Du scheinst Dir nicht unbedingt eine Beziehung zu wünschen, aber dafür viel Lust, auf Guten und befriedigenden Sex zu haben. Leider findest Du Diesen nur in einer gut laufenden Beziehung. Bei dieser beide mit dem anderen, liebevoll vertrauensvoll und freundlich umgehen. Nach 24 Jahren mit einer wunderbaren Frau kann ich Dir dies versichern. Anderweitig bleiben Dir am Ende nur Dein Adventskranz mit deinen vier aufgesteckten Phallus Kerzen. Ein flüchtiges Abenteuer mit einem Mann für einige Stunden vielleicht Monaten. Wie traurig! Bist Du Dir dafür nicht zu schade. Frohe Weihnachten und ein starkes, neues Jahr Andi!

61* Mich verschenken; So ein Nonsens hast Du sonst noch gescheite Anmerkungen

Meine Vorstellungen von Beziehungen halbieren und dann noch 30% reduzieren und nicht vergessen; zwischen 20,35 und 60 Jahre alt sind wir. Also müssen sich 2 Menschen mit ca. 70-100 Jahre Lebenserfahrung, Familien Geschichte, Beziehungen, Verletzungen, Schönes und Trauriges zusammenraufen, sich kennen lernen und zusammen Leben. Einander Lieben heisst; Zuerst dem anderen «in Allen Belangen, zur Erfüllung verhelfen.» Mit allen Möglichkeiten, die ich mit Gottes Hilfe ausschöpfen kann.

Ich hoffe ich bin Dir jetzt nicht zu direkt. Jeden Tag möchte ich mich meiner grossen Liebe verschenken. Beziehung leben ist Arbeit, aber es ist schöne Arbeit. Bist Du bereit?

62 *Nichts ist selbstverständlich"

Es ist unser göttliches Recht, dass wir über uns selbst bestimmen"! Hildegard von Bingen!

Wir haben nur ein Recht: Täglich zum Kreuz und mit Zuversicht zum Thron Gottes zu treten. Alles andere ist geschenkt und nichts ist selbstverständlich. Habe deine Lust am Herrn und ER wird Dir gerne geben was Dein Herz sich wünscht. Dankbarkeit für mich ist ein Lebensstil geworden. In der EU haben wir alle sicher das Nötigste zum Leben Du sagst mir dies ist relativ?! Aufzählungen: Ein Dach, Eine Wohnung oder ein Haus, ein Bett, Arbeit guter Lohn drei Mahlzeiten Freizeit Ferien Mobile TV Hobbys usw. Wie dankbar bist Du? Ihm, unserem Gott gehört Alle Ehre.

63 * Fast Food Lösungen gibt es hier meistens nicht 1

Es tut mir so leid für dich, ich leide seit über einem Jahr an Schmerzen, trotz Morphin, da kann wirklich nur Gott helfen, wenn er will, ich hoffe, dass er bald will!

An Ihm liegt es nie, auch ich habe Nervenschmerz Tabletten. für die Füsse, obwohl ich nur noch 35% spüre. Vielleicht bekämpft Du schon lange Zeit nur die Symptome und jetzt brauchst Du schon ein Jahr Morphium. Frage Den Herrn, was Die Wurzel Deiner Schmerzen sein könnte. Hast Du gelernt regelmässig das Wort Gottes LAUT über Deinem Leben und Deinen Situationen im Glauben auszusprechen. Hast Du Dir die Waffenrüstung durch unseren himmlischen ABBA Daddy anziehen lassen. Kämpfst du mit dem Wort Gottes und aus seiner oder Deiner Kraft. Liebe Schwester, ich greife Dich nicht an. SEIT über 25 Jahren kämpfe ich im Alltag, getragen von seiner Gnade, mit dem Wort Gottes! Es ist schärfer als jedes zweischneidige Schwert. Es trennt Seele und Geist, Mark und Bein, Es ist ein Richter zwischen unseren Gedanken und Sinne unseres Herzens. Ein Hammer der Felsen zerschlägt.

63a* Fast Food Lösungen gibt es hier meistens nicht 2

Mit dem Wort Gottes, kämpfe ich für mich und Menschen mit Schwierigkeiten. Auch bin ich Teilnehmer in der 12 Schritte Seelsorge Arbeit Endlich Leben. Als Ermutiger unterstütze ich diese Arbeit. Professionelle Hilfe holen oder der Besuch einer Gruppentherapie, ist auch sehr empfehlenswert. Schnelle MC Donald Lösungen gibt es meistens in solchen Situationen nicht. Bist Du bereit Dich Deinen Lebens Prozessen zu stellen? Ich hoffe ich konnte Dich und auch andere Geschwister stark ermutigen, neue Schritte zu wagen. Heilung gehört uns! Vor allem gesund und stark werden am innwendigen Menschen! Fest werden an Deinem Herzen durch Gottes erstaunliche Gnade. Epheser 1.3 spricht dir zu: Du bist mit Allem gesegnet! Auch in dieser Corona Zeit, Gehe zu den Ältesten lass Dich mit Öl salben und für Dich beten nach Jakobus. 5.16. Nimm täglich 1-2x das Abendmahl. In Seiner Gegenwart! Es ist eine grosse Kraft und ein tiefes Geheimnis Hier habe ich eine Adresse für dich: Google: Endlich Leben Netzwerk Deutschland.

64* Er gibt Dir was Du brauchst

Gott soll mir geben was ich will!

Gott ist nicht MC Donald, oder Der Burger King. Wo ist Deine Demut. Trachte zuerst nach seinem Reich und seiner

Gerechtigkeit und ER wird Dir gerne Geben, was Du zum Leben brauchst. Habe Deine Lust am Herrn und Er wird Dir geben was Dein Herz wünscht Du wirst nicht zu kurz kommen. Gott ist in allem genug für Dich. Er ist nicht an erster Stelle dazu Da, deine Wünsche zu erfüllen. Ordne Dich Ihm als ein Jünger unter. Nicht durch Heer oder Kraft, wird es geschehen, sondern durch meinen Geist soll es geschehen, spricht der Herr. Geduld haben wir alle nötig. Alles wird zu SEINER Zeit geschehen. Lerne mit Christus Deinem König leben. Er möchte jeden Tag, dein HERR und GOTT sein!

65* ER enttäuscht dich nie

Genau wegen diesem Gottes Glauben, bin ich im Mist gelandet, lass mich damit bitte in Ruhe! Ich brauche diese Illusion nicht.

Verstehen kann ich dich sehr gut. Wer von uns ist noch nie von Menschen enttäuscht worden leider stehen uns immer wieder unsere hohen Erwartungen und Ansprüche an uns und an unserem Gegenüber im Weg. Er unser Gott, kann nichts dafür, dass du von Menschen im Glauben enttäuscht worden bist. Jesus hat mich nie in den letzten 34 Jahren Liebesbeziehung enttäuscht. Zweifel hatte auch ich immer wieder. Nur Ihm vertraue ich wirklich. Gottes väterlicher Trost soll Dich umarmen. Was für eine Motivation hat Dich bewogen, Dich für ein Leben mit Jesus zu entscheiden? Erzähle mir davon. Ich nehme mir Zeit und höre Dir gerne zu!

66* Er ist der Schöpfer meines Lebens

Ich bin der Schöpfer deines Lebens! Wenn der Herr unser Gott nicht das Haus baut, bauen wir Menschen unser Lebens Haus umsonst. Mein Leben habe ich auf Jesus den Eckstein gebaut. So werde ich mich getrost als ein lebendiges Opfer hingeben. Wohin soll ich gehen als nur zu Ihm. Nur Christus hat Worte des ewigen Lebens. Nur Er kann mir wirklich geben was ich benötige. Alle meine Defizite und meine Bedürfnisse kann nur ER wirklich füllen. Er ist mein Leben und seine Gnade ist meines Lebens Kraft. Hier noch die starke Aussage eines altes Worshipsong: Was ich bedarf habe ich in Ihm Alles nur in Ihm!

67* Unser Gott ist jeden Tag erfahrbar

Du tust mir leid, nicht imstande zu sein, dir wirklich eigene Gedanken zu machen. An jeder Uni. lernen wir kritisch und analytisch zu denken!

Ich denke nicht kritisch und analytisch?! Von Diesem Kulturgut Schinken die Bibel, werden jedes Jahr im Minimum 6 Millionen Mal neu verkauft. Zwei Milliarden glaubende Christen "verzehren" und studieren SIE über Jahrzehnte (Jahrtausende) immer wieder. Es steht geschrieben: Gott lacht über die Weisheit der Menschen. Weiter steht; Wir, die das Wort Gottes lieben und kennen sind weiser und gescheiter als Ihr Philosophen, Studierten, Wissenschaftler und Lehrer.

1. Zwei Philosophen, also 2 Zeitzeugen glaubt Ihr, dass es Alexander der Grosse gab.

2. Nicht glauben wollt Ihr den über 40 Zeitzeugen des Alten und des Neuen Testament, der letzten ca. 6000 Tausend Jahre,

3. Zwei Milliarden Menschen circa, erleben Ihn Jesus Christus persönlich und das jeden Tag.

Eine Frage habe ich noch: War das Huhn oder das Ei zuerst da?!! Es w

Ich glaube an die Schöpfung durch den Schöpfer. Du glaubst an die Evolution. Ein menschliches Auge hat ca. 80 Megapixel oder 576 MP und erfassend für Nähe und Weite ist es perfekt. Protonen und Neutronen werden gegenseitig abgestossen. Welche Kraft hält Sie zusammen. Es muss Gott sein?

68* Wen kann man so erleben wie Dich

Ein überzeugter Pastor aus christlichen Kreisen wurde nach Jahrzehnten langen Dienst zum Atheisten Meine Frage bleibt: Hat er die Liebe Gottes je erfahren und unseren ABBA Vater je erlebt? Unser Gott ist ein lebendiger und erfahrbarer Gott. Er ist Retter, ein wunderbarer Freund und Er lässt Dich nie im Stich.

Liebe Aussteiger; Es tut mir im Herzen weh solche Geschichten immer wieder hören zu müssen Ich habe Gott als wunderbaren himmlischen Abba lieber Vater kennen lernen dürfen. In diesen letzten 34 Jahren ist mir seine erstaunliche Gnade, immer lieblicher geworden. im Alltag geniesse ich es immer wieder wie Maria, zu Füssen Jesus zu sitzen und Ihm. zuzuhören. Schmecket wie gut unser Gott ist. Ich liebe die Heilige Schrift, weil Jesus Christus, das fleischgewordene Wort Gottes ist. Jetzt ist Er mein Retter, Herr und König. Hast Du Ihn und seine Gegenwart, je im Geist und auch körperlich erlebt. Ich bin so unendlich dankbar für seine Gnade, die Jesus mir, durch seinen Tod am Kreuz erwiesen hat. GOTT, sein Vater hat ihn am dritten Tag von den Toten auferweckt. Sein Sterben ist mein Gewinn. Jesus sagt Dir heute: ICH lebe, darum sollst Du auch leben! Sein wunderbarer Heiliger Geist, hat mir das Wort Gottes aufgemacht. Wen der Sohn Gottes freimacht, der ist recht frei. Danke himmlischer Vater für Deine wunderbare unerschöpfliche Gnade, die jeden Tag neu ist. Wer ist so wie Du? Du bist das wahre Lebenswasser, Wer von Dir trinkt, hat nie mehr Durst. Du hast ein Herz für Alle Menschen. Wer von Dir trinkt, Ist nie allein. AMEN Sela Maranatha

69* Du bist geliebt und angenommen.

Der Arm Deines himmlischen Daddys ist nicht zu kurz, um Dir zu helfen. Es gibt keine Verdammnis für Dich mein liebes Kind, weil Du in Christus bist. ER hat Dir vergeben und es schon vergessen. Jetzt kannst Du nach Jesaja 60.1 wieder aufstehen, Dir auch vergeben, deine Krone richten und wieder fröhlich Deine Strasse entlanglaufen. Amen Du bist gesegnet. Epheser 1.3, Johannes 15, Psalm 121, Psalm 1, Psalm 2, Psalm

 53, Psalm 91, Psalm 103, Psalm 139, Psalm 150 Ich glaube, diese Zeilen werden Dir wohltun!

70* Von einem enttäuschten Menschen: Hat er seine Macht demonstriert, indem er uns Corona gesandt hat?

Alles Gute und Vollkommene kommt Vom Vater der Lichter. Wenn Du etwas von IHM willst, musst Du glauben, dass Er gut ist. Habe den Glauben Gottes. Vertraue einfach Diesem guten Gott und erwarte mit Zuversicht Seine Antwort. Bitte lege deinen Unmut, alles Mürrische, jeden Unglauben, Hader, Boshaftigkeit und Bitterkeit ab. Komm mit Zuversicht zum Thron der Gnade. Ich habe Alles bereit für Dich. Lerne mich persönlich kennen. Menschen enttäuschen Gott, Jesus Christus nie! Gott hat den Corona sicher zugelassen. Wir Menschen haben Ihn aber gebaut und diese abstrusen und irrationalen Situationen herbeigeführt. Jesus ist der Friedefürst und Jawe Rapha unser Arzt. Wem vertraust Du Dein Leben an! Dem Fürsten dieser Welt oder Jesus Christus, der für Dich aus Liebe am Kreuz, unschuldig und sündlos für Dein getrennt sein von Gott und Deiner Sünden gestorben ist. Der Sünde Sold ist der Tod. Am dritten Tag wurde Er vom Vater auferweckt. Er hat durch seinen Tod das Gesetz erfüllt und durch seine Auferstehung unsere Beziehung zum himmlischen Vater wieder möglich gemacht. Lieber Mensch, Jesus liebt Dich bedingungslos und Er hat Dich angenommen, so wie Du bist. Nur Er kann das! Hier ist Deine Entscheidung für Jesus Christus Deinem Retter, Erlöser Herr und König gefragt. Er sagt zu Dir: Ich lebe, lebe Auch Du. Lieber Mensch, was wirst Du tun? Jesaja 53, und 55:1-5, Amos 3.7, Psalm 91, Psalm 1, 53, 103 und 139 Matthäus 6.33 Johannes 1:12/3:16 Joh. 14:6 Römer 6-8, Galater 3, Epheser 1:3 Hebräer 5:14 Du bist gesegnet! Nur das Beste von unserem Gott, wünsche ich Dir.

71* Dies ist eben seine Gnade

Auch wenn wir ungerecht sind, ist Gott gerecht Unsere Gesinnung von Gerechtigkeit ist nicht GOTTES Gerechtigkeit.

Dies ist eben seine erstaunliche Gnade. Danke himmlischer ABBA Daddy für Deine unfassbare Gnade.ER kann nicht anders! Danke für Deine Gegenwart. Danke Vater lässt DU mich nie im Stich. Hier kommt der Vers aus 2.Korinther 12:9 zum Tragen Lass Dir an meiner Gnade genügen, denn meine Kraft ist in den Schwachen mächtig. Du brauchst nur meine Kraft, umso schwächer Du bist umso stärker erweist sich an Dir meine Macht.

72* Himmlischer Vater Danke für Deine wunder bare Gnade

Auch weiter bis zu meinem Seelig Ende, möchte ich mich von Deiner Gnade tragen und vorwärtsbewegen lassen. Du Christus, Mein Herr und König, Du sollst immer alle Ehre bekommen und verherrlicht werden. Amen Sela

73* Jesus ist Realität pur

Ich: Von Jesus wurde ich in unserer Liebesbeziehung noch nie enttäuscht. Zweifel hatte auch ich immer wieder. Nur Ihm vertraue ich seit 34 Jahren. Was für eine Motivation hat Dich bewogen, Dich für ein Leben mit Jesus zu entscheiden? Erzähle mir davon. Ich werde Dir zuhören. Bleibe gesund Tschüss

Ein Mann: Ich will nicht darüber reden. Auch bin ich nicht von Menschen enttäuscht. Von denen erwarte ich nichts. Ich brauche keine Fiktion wie Du.

Lieber Freund, dann lebst Du schon darin. Etwas Realeres als Gott persönlich kennen zu lernen gibt es gar nicht. Seine unfassbare Liebe und Gnade für uns Menschen übersteigt unser Denken und Verstehen Es gibt nur eines, um Dich in seinen Alltag zu bringen und ganz Mensch zu werden. Vertraue Dich Jesus Christus und seiner Gnade durch das Kreuz an. Wenn Fiktion oder Abhängigkeit, dann nur mit und durch Ihn, diesem wunderbaren und erfahrbaren Gott. Ein Leben mit Christus. beschert mir nur sehr gute Neben-wirkungen. Ein Erfülltes Leben jeden Tag neu, ohne jemals allein zu sein. ER lässt mich nie im Stich.

74* Im richtigen Rahmen ist es möglich

Wahre Liebe hält allem stand! Für immer! In guten und in schlechten Zeiten* Beide sollten sich von der Gnade Gottes tragen und vorwärts-bewegen lassen, liebevoll und freundlich bleiben. Auch die Vergebung sollte täglich praktiziert werden. Der Beziehung zuträglich ist auch die gegenseitige Wert schätzung in Wort und Tat zu erfahren und zu spüren. Beziehung Pflegen mit gegenseitiger Wahrnehmung schafft Vertrauen. in jeder Liebesbeziehung hat das gewonnene Vertrauen, das nicht missbraucht wird, wachsende Sicherheit zur Folge. Durch diese Sicherheit wird auch die gegen seitige sexuelle Anziehungskraft intensiver spürbar werden. Sonst ist der obenstehende Zungenbrecher* nur leere Worte. Von heute an, stellen wir uns auch dieser wunderbaren Heraus-forderung. Nur aus der Kraft Gottes wollen wir Leben.

75* Lover of my Soul 1

In Jesaja 55:2-3 ist zu lesen: Warum wollt ihr Geld für das zahlen, was kein Brot ist, und euren sauren Verdienst für etwas, das nicht zur Sättigung dient Hört doch auf mich, so sollt ihr Gutes zu essen haben, und laben soll sich eure Seele an fetter Speise! Leiht mir euer Ohr und kommt her zu mir! Hört (mir zu) auf, dass eure Seele auflebt. geniesse IHN Deinen Gott immer wieder, höre Ihm zu und werde immer gesünder. In Psalm 23.3 liest Du ER stellt Deine Seele und deinen Körper wieder her. So wirst du ganzheitlich gesund. Siehe, mein Knecht, den ich erwählt habe, mein Geliebter, an dem meine Seele Wohlgefallen gefunden hat; ich werde meinen Geist auf Ihn legen, und er wird den Nationen Recht verkünden. Er wird nicht streiten noch schreien, noch wird jemand seine Stimme auf den Straßen hören. Matthäus 12:18-20 Ein geknicktes Rohr wird Er nicht zerbrechen, und einen glimmenden Docht wird Er nicht auslöschen. Geliebter, ich wünsche, dass es dir in allem wohl geht und du gesund bist, wie es deiner Seele wohl geht 3.Joh. 2

76* Lover of my Soul 2

Denn das Wort Gottes ist lebendig und wirksam und schärfer als jedes zweischneidige Schwert und durchdringend bis zur Scheidung von Seele und Geist, sowohl der Gelenke als auch des Markes, und ein Richter der Gedanken und Gesinnungen des Herzens, und kein Geschöpf ist vor ihm unsichtbar, sondern alles bloß und aufgedeckt vor den Augen dessen, mit dem wir es zu tun haben. Da wir nun einen großen Hohen Priester haben, der durch die Himmel gegangen ist, Jesus, den Sohn Gottes, so lasst uns das Bekenntnis festhalten Denn wir haben nicht einen Hohen Priester, der nicht Mitleid haben könnte mit unseren Schwachheiten, sondern der in allem in gleicher Weise (wie wir) versucht worden ist, (doch) ohne Sünde. Lasst uns nun mit Freimütigkeit hinzutreten zum

Thron der Gnade, damit wir Barmherzigkeit empfangen und Gnade finden zur rechtzeitigen Hilfe! Gottes Wort ist lebendig und voller Kraft. (Hebräer 4:12-16) Der euch also den Geist mitteilt und Wunderkräfte in euch wirkt, (tut er das) aufgrund von Gesetzeswerken oder infolge der Predigt vom Glauben? (Galater 4:5). Wundertaten wirkt ER in uns, in dem wir IHM zuhören. Aus dem hörenden Glauben wird ER es tun. Das ist wahre Seelsorge oder Therapie. Wir hören IHM im Glauben zu. Seine Kraft der Gnade durchdringt Alles in unserer Seele und bewirkt wurzeltiefe Heilung. Lass Dich lieben, höre Ihm zu und werde immer gesünder. Lasse dich täglich tragen durch Seine Gnade Amen

77* Das Leben genießen können trotz Angriffe

Gib dem Teufel keinen Raum und Vergebung ist nahe beieinander. Bitte den Herrn um Weisheit, unterscheiden zu

lernen, wer dich zu beeinflussen. versucht. Spricht Gott, Deine Seele oder der Teufel zu Dir Was immer Du auch hörst, sollte es die Heilige Schrift nicht bestätigen, wird es nicht Gottes Stimme gewesen sein. Ein anhaltender Friede kann das Reden Gottes auch bestätigen. Besonders bei Erwartungen von Gebetserhörungen. Deine Geduld wird auch erprobt werden. Unser himmlischer Vater kommt nie zu spät. Du wirst lernen vertrauensvoll auf Ihn zu warten. Setze Dich noch viel mehr Seiner kostbaren Gnade aus, um ein festes Herz zu bekommen.

78* Gebundenheit bei Kinder Gottes; Ist dies möglich?

Natürlich! Bei Derek Prince, einem weltweit bekannter Bibel Lehrer, musste mit über 80 Jahren der letzte Dämon fliehen. Wen der Herr Jesus frei macht, der ist recht frei. Lese Segen und Fluch, von (Derek Prince) sie haben die Wahl Darum brauche ich Geistunterscheidung (Hebräer 5:14) im Alltag und in der Seelsorge. Ich könnten Dir nicht aufzählen wieviel wiedergeborene Geschwister mich eingeschlossen, ich in den letzten 30 Jahren gebunden erlebt habe. Jesus hat Alle Gesetze im Alten Testament erfüllt, aber er hat das Alte Testament nicht aufgehoben. Die geistlichen Prinzipien bleiben bestehen. Zum Beispiel; besonders Schwestern (Frauen) kommen wieder in Gebundenheit, weil Sie Yoga mit dem Fundament ZEN praktizieren. Yogaübungen sind keine Fitness, sondern Medi tation. In den höheren Stufen können die Meditierenden schweben und sich unsichtbar machen. Männer wie Frauen machen Ihre Tierliebe oder Mobilphones, Facebook zum Götzen. Sie können nicht mehr ohne leben und erfahren vermehrt eine gefährlichen Abhängigkeit Dies ist kein Spiel!. Dies gilt auch für Menschen, die keine persönliche Beziehung mit Jesus Christus haben

79* Er hat Worte des ewigen Lebens 1

Sechs Jahre war ich arbeitslos mit 1200 Absagen. In dieser Zeit durfte ich drei Mal vorstellig werden. Seit 18 Jahren bin ich so schwer krank, dass es mir verunmöglicht zu arbeiten Von meinen täglichen starken Schmerzen nicht zu sprechen. Nimm täglich, stündlich ermutigende Bibelverse in den Mund, oder sprehe Die Bibelverse beim App nach. Sprich Sie hörbar aus. Durch das Hören der Predigt kommt der Glaube! Z.B. Durch Deine Wunden bin ich geheilt worden. Wen der Sohn frei macht der ist recht frei usw. schreibt bitte auch auf FB, was das

Gebet und die Proklamation des Wort Gottes bei euch ausgelöst hat. Ja es soll bei Euch alles in die Schöpfungs Ordnung Gottes zurückkommen. Auch soll es Dir in allem wohlergehen. Vergesst auch nicht täglich das Abendmahl zu nehmen. Hier gibt es ein grosses Geheimnis zu ergründen. Sein Leib hat ER für uns hingegeben. SEIN Blut fliesst durch unseren Körper. SEIN Blut reinigt uns! Sein Blut schützt uns! Sein Körper, Sein Leib und sein kostbares Blut sind vollkommen rein. Nehmt das Abendmahl, diesen grossen Segen, so oft Ihr könnt.

80* Er hat Worte des ewigen Lebens 2

Im Mai 2020 habe ich meine zweite Spenderniere bekommen. Seit 2003 habe ich eine künstliche Blase ohne Schliessmuskel. Geformt wurde diese aus 10% also 60cm meines Dünndarms. Einlagenträger bin ich auch noch! Meine Füsse spüre ich noch zu 35%, trotzdem brauche ich täglich Nerven Schmerz Tabletten für Sie. Seid dankbar für die Situation. Freuet Euch alle Zeit abermals sage ich euch freuet Euch. Die Freude, die Gott an Dir hat, ist Deine Stärke. Für Gott ist nichts unmöglich Halleluja Amen. Meine Botschaft an Euch alle; Wenn ich immer noch mein Leben geniessen kann, könnt Ihr dies auch, durch Jesus Christus Eure Lebenskraft. Es ist vollbracht! Ihr seid gesegnet. Erwartet Alles von Eurem ABBA lieber Vater Amen.

81* Gott wurde Mensch

Gute Botschaft mit genialer Musik vor Weihnachten Wir hören die festliche Bass-Arie „Großer Herr, O starker König" Die herrschaftliche Trompete grüßt gleichsam den neugeborenen König, der durch zahlreiche Oktav Sprünge im Continuo symbolisiert wird. Die gebrochenen Dreiklänge des Ritornells verweisen auf dessen Gottheit wohingegen die zahlreichen Synkopen unter Fortlassung der Trompete eindrücklich die wohl hölzerne Krippe als unbequeme Schlafunterlage, sowie Kargheit nachzeichnen. Wer ist der große Herr, der starke König? Psalm 95 sagt uns: Lasst uns mit Danken vor sein Angesicht kommen und mit Psalmen ihm jauchzen! Denn der HERR ist ein großer Gott und ein großer König über alle Götter. Er, der in göttlicher Gestalt war, hielt es nicht für einen Raub, Gott gleich zu sein, sondern entäußerte sich selbst und nahm Knechtsgestalt an, ward den Menschen gleich und der Erscheinung nach als Mensch erkannt. Er erniedrigte sich selbst und ward gehorsam bis zum Tode ja zum Tode am Kreuz. Darum hat ihn auch Gott erhöht und hat ihm den Namen gegeben, der über alle Namen ist, dass in dem Namen Jesu sich beugen sollen aller derer Knie, die im Himmel und auf Erden und unter der Erde sind und alle Zungen bekennen sollen, dass Jesus Christus der Herr ist, zur Ehre Gottes, des Vaters. (Philipper 2) Und der Engel zu Maria: Siehe, du wirst schwanger werden und einen Sohn gebären, dem sollst du den Namen Jesus geben. Der wird groß sein und Sohn des Höchsten genannt werden; und Gott der Herr wird ihm den Thron seines Vaters David geben, und er wird König sein, die Herrschaft liegt auf seiner Schulter und sein Reich wird kein Ende haben." (Lukas 1)

82* Einer ist unser Mittler 1

Liebe Schwester, Bitte bete nur zu Jesus Christus. Er allein ist Dein Retter. Dein Mittler (1. Timotheus) Dein Anwalt in Johannes 15 und 17 ER ist Dein anbetungswürdiger König. Auch ist Er Dein Freund und am Schluss ist Er der Richter über die Lebenden und die Toten. ER wird später von Ewigkeit zu Ewigkeit in Herrlichkeit regieren. Auch Maria, musste Jesus als Retter und Herrn annehmen. Eine Frau sagte zu Jesus: gesegnet ist die Mutter deren Brüste, dich nährten! Jesus rief aus: Gesegnet sind Die Menschen, die mich hören und das Gehörte auch tun. Als Jesus am Kreuz hing, sagte Er zu Maria: Siehe (Johannes) Dein Sohn! ER sagte zu Johannes: Siehe Deine Mutter! (Soziale Absicherung) In Apostelgeschichte, 2. Kapitel: erlebte Maria mit den anderen 119 Brüdern und Schwestern, die Erfüllung (Pfingsten) des Heiligen Geistes und sein Feuer vom Himmel, dass Sie Alle in anderen Sprachen (Das Sprachengebet) aus 1.Korinther 12) redeten. Du bist gesegnet. Haben Dir meine Ausführungen geholfen? Ich freue mich auf Dein Feedback?

83* Maria ein Gefäss -Werkzeug gebar Jesus 2

Ich bin schon als Kind in die Kirche mit gegangen. Die Mutter Gottes hat mir schon geholfen und bei der heiligen Messe hören wir immer das Evangelium. Mich kann man nicht irreführen. Ich bin zur Kommunion gegangen und zur Firmung. Und in der Kommunion ist Jesus selbst. Ich war schon in Lourdes, in Fatima und in Compostela. Die Eucharistie ist das höchste Gut. In der Monstranz beten wir Jesus an.Tantum ergo Sacramentum. Wenn sie meinen die Bibel so gut zu kennen, gehört die Heilige Messe und die Kommunion dazu. Maria hat Jesus geboren.

84* Maria ist unser aller Mutter 3

IM 4. Gebot steht Ehre Vater und Mutter. Maria ist also unser aller Mutter und ich werde immer katholisch bleiben

Salü liebe junge Frau, Gib mir jetzt bitte keine Antwort und prüfe Johannes 1:12, 3:16, 14:6, Römer Kap. 5-8, 1.Thimotheus, Kap.1+2 Dies steht alles auch in Deiner katholischen BIBEL nimm sie nach vorne und lese darin. Im Vierten Gebot steht Ehre Deinen Vater und Deine Mutter Lass Dir das von deinem Priester und Deiner Bibel bestätigen Kehre um zu Jesus. katholisch darfst Du trotzdem bleiben Aber du brauchst Jesus der für Dich am Kreuz gelitten hat und gestorben ist. Am dritten Tag wurde Er von seinem Vater vom Tod auferweckt. Er ist auferstanden. Er lebt und hängt nicht mehr am Kreuz. ER möchte in Deinem Leben, Dein Erlöser und König sein. Jesus liebt Dich und wartet auf Dich. Tschüss

85* Maria ist nicht mein Mittler 4

Abschluss: Es geht in meinem Leben um Eine lebendige Beziehung mit Christus und seinen Vater. Für Ihn meinen Erlöser, habe ich mich vor 34 Jahren entschieden. Er hat mir damals meine Sünden vergeben. Ja ich bin Sein Sohn Und kein Sünder mehr. Wenn ich dennoch sündige; bitte ich unseren Vater im Namen Jesus um Vergebung, Empfange diese, vergebe mir selbst, stehe auf, richte meine Krone und laufe wieder fröhlich mit Christus meinen Weg durch die Strassen des Lebens. Gottes reichen Segen und seinen Schalom Frieden, wünsche ich Dir.

86* Maria ein wunderbares Gefäss 5

Ja Jesus unser Erlöser lebt und Er hat das Gesetz erfüllt. Die Rettung ist Gottes Gabe allein. Nirgends wirst Du In der ganzen Heiligen Schrift Maria als Mittlerin oder als Mutter Gottes finden. Maria hatte nach Jesus noch einige Söhne mehr. Auch Maria musste sich vor Jesus Ihrem Retter, Herrn und König beugen. Johannes Kapitel 3 sagt; Wir alle sollen Jesus Christus im Geist und in der Wahrheit anbeten. Nirgends habe ich gesagt, Jesus habe das AT aufgelöst. Lass Dir an seine Gnade genügen Seine Kraft ist in den Schwachen mächtig. Maria war ein wunderbares und gehorsames Gefäss wie Du und ich. Nicht mehr und nicht weniger.

87* Maria ist nicht Mit Erlöserin 6

Wo steht das in der H. Schrift. Studierst du deine Bibel selbst. Schade, dass Du nicht zu erkennen scheinst, wer für deine Sünden am Kreuz gestorben ist. Jesus Christus der Mensch gewordene Gott. Er erhört Deine Gebete. beim himmlischen Vater. Im Hebräer steht. So haben wir nun einen Hohepriester, der bei seinem Vater für uns einsteht. An anderer Stelle steht Einer ist euer Erlöser Jesus Christus. Ich werde nicht Götzen dienst betreiben und Maria einen Menschen anbeten. Jesus sagt: Ich bin der Weg und die Wahrheit und das Leben, niemand kommt zum Vater als nur durch mich. Ihn allein bete ich an. Ihm Jesus allein folge ich bis in alle Ewigkeit nach.

88* Christus das lebendig Wort 7Der Ausdruck sola scriptura (lateinisch für (allein durch die Schrift) bezeichnet einen theologischen Grundsatz der Reformation und der reformatorischen Theologie, nach dem die Heilsbotschaft hinreichend durch die Bibel vermittelt wird und dadurch braucht Sie keine Ergänzung durch kirchliche Überlieferungen. Das Wort Gottes sagt weiter ausdrücklich. Jedes Wort, sogar jedes Strichlein ist von Gottes Geist eingegeben. Wer etwas hinzufügt oder weglässt sei verflucht. Anathema wie Ihr Katholiken sagt. Solltest Du also über die Bücher gehen, wirst Du feststellen müssen, dass eure Monstranz, Maria Verehrung und euer Katechismus nicht bei den biblischen Wahrheiten zu sein hat. Christus allein bringt Dir das Heil. Joh.1:1 sagt. Am Anfang war das Wort und das Wort war bei Gott und das Wort war Gott. Vers 14 und das Wort wurde (Jesus) Fleisch also Mensch und wohnte mitten unter uns. Er der eingeborene Sohn kam vom Vater voller Gnade und Herrlichkeit. Er war in der Welt und die Welt ist durch Ihn gemacht, aber die Welt erkannte Ihn nicht. Lerne Jesus Heute mit deinen eigenen Worten kennen.

89* Die Strafe lag auf Ihm 8

Jesus Christus die Gnade Gottes für alle Menschen. Allein durch den Kreuz Tod Jesus und seine Auferstehung. Die Strafe lag auf Ihm, auf dass wir Frieden hätten. Gottes Gabe allein ist es. Durch seine Gnade nicht aus unseren Werken. Unverdient aus Glauben, werden wir errettet.

90* Jesus allein ist genug 9

In 1. Timotheus 3,15 steht; die Säule und das Fundament der Wahrheit ist die Kirche Die Katholische Kirche beruft sich Sola scriptura ist das historische Bekenntnis der Reformatoren. Die Katholische Kirche hingegen erhebt Anspruch auf Schrift plus

Kirche und Tradition. Was ist für Sie Stütze und Fundament der Wahrheit?

Mein Glaubens Fundament ist Jesus Christus die Gnade Gottes für alle Menschen. Allein durch den Kreuz Tod Jesus und seine Auferstehung. Die Strafe lag auf Ihm, auf dass wir Frieden hätten. Gottes Gabe allein für alle Menschen ist dieses Gnaden Geschenk. Durch seine Gnade nicht aus unseren Werken. Unverdient aus Glauben, werden wir errettet und werden Himmelsbewohner. Den Himmel kannst Du dir nicht erkaufen noch kannst Du in Dir verdienen. Christus allein wird Dir Retter oder Richter sein. Mein Deutschlehrer würde jetzt zu Dir sagen: Hat es Dir gehilft!

91* Authentisch leben ohne Konsequenzen

Wen der Sohn frei macht, der ist recht frei! Authentisch leben zu können, also Echtheit (verbürgt und zuverlässig) leben, so wie Gott uns ursprünglich gemacht hat, ist ohne Konsequenzen absolut unmöglich. Wir leben in einer fremdbestimmenden Gesellschaft auf dieser Erde. Grundsätzlich wird jeder Mensch nicht aus Liebe, sondern nach seiner Qualifikation und Verfügbarkeit, gebraucht, gesucht und im Alltag eingesetzt. Darum müssen wir uns viel in die Gegenwart Gottes ziehen lassen, um zur Ruhe zu kommen. Dabei gesund und erfrischt werden und lernen unser Herz zu bewahren. Unser Herz darf bei unserem Vater und im Alltag fest durch seine Gnade werden. So dürfen wir echte Menschen werden

92* Lebe in Liebe oder Furcht

Das Fehlen von Liebe und angenommen sein, ist ein Leben in Angst oder Furcht! Die Folgen sind Ablehnung, Selbsthass, Hass und Gewalt. Ich werde vom Opfer zum Täter. Diese Auswirkungen sind vielfach ein Leben lang sichtbar: Gottes vollkommene Liebe treibt jede Furcht aus. Nur der Heilige Geist kann mich befreien, heilen und wieder herstellen. Diese Liebe unseres ABBA Vaters macht es mir möglich ein ganzer Mensch zu werden. Ja ich möchte mit mir und den anderen Menschen barmherzig und geduldig werden!

93* Gottes vollkommene Liebe

Aus Ablehnung entsteht Hass und Gewalt. Angst ist das Gegenteil von Liebe. Nur Gottes vollkommene Liebe treibt jede Angst oder Furcht aus. Nur Gottes Güte führt zur Umkehr. Nur seine starke Hand kann mich befreien. Sein Arm ist nicht verkürzt um zu Helfen.

94*Aus Gnade durch Glauben 1

Alle werden umsonst gerechtfertigt durch seine Gnade, durch die Erlösung, die in Christus Jesus ist!

Im 19. Jahrhundert herrschte in vielen Städten große Armut. Viele Kinder litten Hunger und mussten betteln, um zu über-leben. Eines Abends schlichen zwei ärmlich gekleidete Kinder in einen Raum, in dem das Evangelium gepredigt wurde. Keiner bemerkte sie - außer der Prediger. Sie setzten sich auf eine Bank in der Nähe der Tür und hörten aufmerksam zu, als er den Bibelvers las und erklärte: „Hey, ihr

Durstigen alle, kommt zu den Wassern! Und die ihr kein Geld habt, kommt, kauft ein und esst! Ja, kommt, kauft ohne Geld und ohne Kaufpreis Wein und Milch!" (Jesaja 55,1). Als die Predigt zu Ende war, verließen die beiden leise und unauffällig den Raum. Der Prediger war enttäuscht, dass er nicht mit ihnen sprechen konnte, doch als er später auf der Straße stand, zupfte ihn jemand am Ärmel. Es war das Mädchen von eben Bitte, mein Herr, geben Sie mir etwas. für meine kranke Mutter! Er fragte es: „Was soll ich dir denn geben?" „Nur etwas Milch. Ich habe zwar kein Geld, aber Sie sagten ja: Kommt, kauft ohne Geld. Ich habe auch einen Krug für die Milch mitgebracht. Das Mädchen berief sich auf eine Verheißung in der Bibel, die eine geistliche Bedeutung hat. Doch Gott antwortete praktisch auf ihren Glauben. Der Prediger begleitete das Kind nach Hause und fand dort die sehr kranke Mutter vor. Er besorgte Milch und Nahrung und auch einen Arzt. Aber er stellte ihnen auch den Erlöser Jesus Christus vor, durch den jeder Glaubende „umsonst gerechtfertigt" wird. Es ist ganz einfach: Ich muss Gott beim Wort nehmen und kommen, dann erhalte ich, was der himmlische Vater mir umsonst geben will!

95* Aus Gnade durch Glauben 2

Durch die Gnade in den 1. Und 2. Geboten sind die anderen Gebote enthalten und erfüllt Du kannst Sie gar nicht halten Ist den Jesus am Kreuz vergebens gestorben. Der Sabbat halten war eines der über 600 Gesetze der Juden. Jesus sagte: Während ER am Sabbat heilte: Ich bin der Herr über den Sabbat. der Sabbath ist für den Menschen gemacht und nicht umgekehrt. Du kannst durch das Halten des Sabbat Gott nicht gefallen. Ohne Glauben kannst Du Gott auch nicht gefallen.

Gerechtfertigt wirst Du nur durch Glauben und nicht durch halten eines Gesetzes. Liebe Schwester bitte lies mit Deinem Herzen Römer die Kap 3-8 Galater 2 und 3 und Jesaja 55. 1-5 und ein Schlusswort aus 2 Kor.12:9 Lass Dir an meiner Gnade genügen, meine Kraft ist den Schwachen mächtig.

Liebe Grüsse mit Eph. 1:3 Hebräer 12:1, Hebräer 5:12-14

96* Stark in der Macht seine Stärke

Liebe Freundin, Werde stark in der Macht seiner Stärke. Lass Dir an meiner Gnade genügen meine Kraft ist in den

Schwachen mächtig. Du brauchst nur meine Kraft umso schwächer Du bist umso stärker erweist sich an dir meine Macht. Von Jesus Christus der Dich zuerst geliebt hat. Bei Ihm hast Du immer eine Wahl. lässt Du Dich von seiner Gnade tragen oder versuchst Du mit deiner eigenen Leistung Gott zu gefallen Jesus Christus sagte am Kreuz Es ist vollbracht. Er ist das unschuldige und reine Opferlamm, das Gott genügt hat.

97* Jesus Christus ist Gottes Sohn und auch Gott

Lieber Freund; Er ist auch der Sohn Gottes. Lies Johannes, Kap.1! Und das Wort war bei Gott und das Wort war Gott und das Wort wurde Fleisch (JESUS unser Gott) wurde lebendig und wohnte mitten unter uns. Jesus sagte in den Evangelien zu den Schriftgelehrten und Pharisäer: Ihr nennt Mose euren Vater; Derjenige welcher heute vor euch steht war schon vor Mose. Dies war Zuviel für diese religiöse Gilde. Gotteslästerung riefen Sie und versuchten IHN fortan zu töten So sagte ER ihnen ER sei Gott. Im 1.Johannes 3:7 steht Es sind Drei die da Zeugen, der Geist und das Wasser und das Blut. Weiter; Christus muss Gott sein, wie kann ER sonst mir und Dir ewiges Leben geben. Petrus sagte zu Jesus: Herr wohin sollen wir gehen, Nur Du hast Worte des Ewigen Lebens. Wer regiert von Ewigkeit zu Ewigkeit? Jesus Christus! ER ist Herr aller Herren König aller Könige und ER wird regieren von Ewigkeit zu Ewigkeit. Am Ende Deines Lebens, wird ER Dein Retter oder Dein Richter sein. Habe Dein Herz weit geöffnet und

suche selbst die dutzenden von Stellen heraus, die Jesus als Gott und selbst den Heiligen Geist als Gott hinstellen. Abschluss Wort; 1.Mose, 1. Kapitel. Und der Geist schwebte über dem Wasser Amen

98* Jesus ist der wahre Morgenstern 1

Die erste Erwähnung des Morgensterns als Person findet sich in Jesaja 14:12: "Wie bist du vom Himmel gefallen, du Morgenstern, Sohn der Morgenröte! Du bist auf die Erde herabgeworfen worden, du, der du einst die Völker erniedrigt hast!" (NIV). Die KJV und NKJV übersetzen beide "Morgenstern" als "Luzifer, Sohn des Morgens." Aus dem Rest der Passage geht klar hervor, dass Jesaja sich auf den Sturz Satans vom Himmel bezieht (Lukas 10,18). In diesem Fall bezieht sich der Morgenstern also auf Satan In Offenbarung 22:16 identifiziert sich Jesus unmissverständlich als der Morgenstern. Warum werden sowohl Jesus als auch Satan als der "Morgenstern" bezeichnet? Es ist interessant festzustellen, dass das Konzept des "Morgensterns" nicht das einzige Konzept ist, das sowohl auf Jesus als auch auf Satan angewendet wird. In Offenbarung 5,5 wird Jesus als der Löwe aus dem Stamm Juda bezeichnet. In 1. Petrus 5,8 wird Satan mit einem Löwen verglichen, der jemanden zum Verschlingen sucht. Der Punkt ist, dass sowohl Jesus als auch Satan bis zu einem gewissen Grad Ähnlichkeiten mit Löwen haben. Jesus ist einem Löwen ähnlich, weil er der König ist, er ist königlich und majestätisch.

99* Jesus ist der wahre Morgenstern 2

Satan ähnelt einem Löwen darin, dass er danach trachtet, andere Kreaturen zu verschlingen. Das ist jedoch der Punkt, an dem die Ähnlichkeiten zwischen Jesus, und Satan dem Löwen enden. Jesus und Satan sind auf sehr unterschiedliche Weise wie Löwen. Die Vorstellung von einem "hellen Morgenstern ist ein Stern, der alle anderen überstrahlt, und Jesus ist derjenige, der "hell" genannt wird. Satan war ein Morgenstern. Jesus, als der fleischgewordene Gott, der Herr des Universums, ist der "HELLE" und "Morgenstern". Jesus ist das heiligste und mächtigste "Licht" im ganzen Universum. Während also sowohl Jesus als auch Satan als "Morgenstern" beschrieben werden können, ist dies in keinem Sinne eine Gleichsetzung von Jesus und Satan. Satan ist ein geschaffenes Wesen. Sein Licht existiert nur in dem Maße, wie Gott es geschaffen hat. Jesus ist das Licht der Welt (Johannes 9,5). Nur das Licht Jesu ist "hell" und selbst existent. Satan mag ein Morgenstern sein, aber er ist nur eine schlechte Imitation des einen wahren hellen Morgensterns, Jesus Christus, dem Licht der Welt.

100* Hohepriester und König

Wir haben einen wunderbaren Hohepriester und König im Himmel, der uns in allem nachfühlen kann. Er wird euch alle Tränen abwischen. Also wendet euch an Ihn. öffne deine Augen und schaue Christus an. Im Anschauen von Christus, siehst du den himmlischen Vater. Nur dieser ABBA Vater kann und wird dich trösten. wie eine Mutter. Schlagt eure Bibeln auf und zeigt mir die Stellen einer Königin im Himmel. Maria war ein Gefäss und musste selbst Jesus als ihren Retter und Herrn annehmen! Maria sagte in der H. Schrift: Was Jesus sagt das tut.

101* Eine Frau, Ein Mann ist wertvoll und kostbar

Ein Mann; In den Kneipen und Discos. Haben wir Früher viel freier gelebt, getanzt und gelacht Wir haben Mädels aufgerissen und abgeschleppt. Dies ist heute wegen Sexismus verboten. Heute müssen die Mädels die Männer abschleppen.

Lieber Mann, Leider sprichst Du nur vom Sex und machst eine Frau so zum Objekt. Ich spreche von einer Liebesbeziehung. Ich spreche vom Geben und sich dem anderen zu verschenken. Hast Du es verstanden, wie wertvoll dies ist Du unreifer Mann Frau werdet erwachsen. Mit Abschleppen bleibst Du allein.

102* Sich unterhalten, und kuscheln ist auch wunderschön

Nein!! Sex Ist sehr wichtig!! Wenn das nicht passt, kann alles andere "noch so schön "sein….!Wie lange war Deine längste Beziehung? Meine Ehe, Beziehung pflegten wir mehr als 23 Jahre. Drei wunderbare Kinder, die heute er wachsen sind und wirklich im Leben stehen, sind aus Ihr hervorgegangen. Nachdem eine Frau ein Kind geboren hat, wirst Du manchmal Deiner Frau zuliebe zwei-drei Monate auf die Vereinigung, den gemeinsamen Sex verzichten müssen. Zärtlichkeiten und Kuscheln ist auch schön?! Loslassen, verzichten, warten und sich in Geduld üben gehört zu einer wunderschönen und starken Beziehung.

103* Sex allein hält eine Beziehung nicht zusammen

Eine junge Frau: Sex ist fast das wichtigste! Jedenfalls bei mir ist es so; wenn der Sex nicht gut ist, kann die Beziehung auf Dauer auch nicht halten.

Sex allein hält die Beziehung nicht zusammen. Eine ausgeglichene Beziehung mit Gemeinsamkeiten und einen ausgeglichenen Austausch, der gegenseitigen Wahrnehmung, wird auch ein erfülltes Sexualleben geben. Alles braucht seine Zeit.

Sex wird stark überbewertet!

Die zwei Menschen in der Partnerschaft und Gott, halten die Beziehung am Leben nicht die Sexualität. Sex beginnt schon Zu Hause oder auswärts mit Händehalten, mit liebevollen Komplimenten, intensiven Gesprächen und langen tiefen Blicken, zarten Küssen liebevollen Umarmungen und sich in den Armen liegen. Loslassen, jeder macht etwas für sich, mit Freunden zusammen sein oder jeder geht zur Arbeit., gehören unbedingt dazu. Wir Männer dürfen zuhören, ohne gute Ratschläge geben zu wollen. Unsere Frauen wollen einfach, dass wir Sie wahrnehmen und darum Ihnen aktiv und geduldig zuhören. Sie wollen auch gehört werden. Uns Männer dürft Ihr sehr gerne ermutigen.

104* Ich will diese Enge nicht!

Ich bin auch Langzeit-Single allerdings kann ich nicht einmal eine lange Beziehung vorweisen. Also kann ich nur bedingt mitreden. Aber ich gebe nicht der Gesellschaft die Schuld. in letzter Zeit höre ich das öfter mit der Wegwerfgesellschaft und der Oberflächlichkeit. Vielleicht ist es so, oder ich kriege das nur nicht so mit. Ich bin nicht fähig Bindungen einzugehen und ich weiß es gibt viele Menschen, denen es ähnlich geht. Gesellschaftlich ist es heute ein ungeschriebenes Gesetz. Früher waren die Menschen auf eine Ehe angewiesen, wenn sie Kinder wollten, oder als Versorgung Heute darf man eben auch unabhängig sein Und es schwer, einen Mittelweg zu finden zwischen der eigenen Freiheit und der Verbindung mit einem Partner Ich sehe es in meinem Freundeskreis immer wieder, dass Partnerschaft anscheinend eine Art Symbiose für die meisten Menschen bedeutet, dass vieles für den Partner aufgegeben wird bis hin zu dem Menschen der man selbst eigentlich ist. Ich könnte das halt nicht und es ist unheimlich schwer jemanden zu finden. der ähnlich unabhängig ist und nicht diese totale Enge möchte.

Sorry liebe junge Frau Ca.55% der Menschen in D. CH und in AU leben allein. Grundsätzlich haben wir uns von den christlichen Werten weit entfernt. Dieser wichtige Schutz für uns Menschen wurde von Vielen auf die Seite geschoben. Ein wichtiges Fragment ist die Verbindlichkeit. und die Verant-wortung Auch Kompromisse schliessen und mit unserer Wahrnehmung auf den anderen eingehen sind oft nur noch leere Worte Jeder muss Opfer bringen, in einer echten Beziehung Hallo, Dein Verhalten ist leider sehr oberflächlich, egoistisch und gleichgültig. Leider geht es hier nur um Dich. Hast Du Dir wirklich zugehört? Wer willst Du für Deinen Partner sein?

Merksatz: Ich möchte dieser Partner für meine Frau sein, den Sie wirklich braucht. Ihr beistehen und Sie ergänzen, um Sie in

allen Belangen in Ihre ganzheitliche Lebenslust und Befriedigung hineinführen zu können Mir ist es unmöglich diese wunderbare Bürde allein zu tragen. Mit Gott in Christus an unsere Seite. ist es uns möglich allen Schwierigkeiten zum Trotz eine liebevolle und verbindliche Beziehung zu pflegen. Gegenseitige Vergebung muss dabei intensiv gepflegt werden.

105* Eine Liebes Beziehung hat immer Luft nach oben

Beziehungen waren früher nicht besser, aber man hat sich meistens auf Biegen und Brechen wieder zusammengerauft. Heute WhatsAppen wir. Stundenlang nur plaudern und unsere Partner wirklich kennenlernen zu wollen, kennen wir nicht mehr. Sie schützen und unterstützen. und nur mit Ihr zusammen sein Ihr aktiv zuhören, Hier ist noch viel Luft nach oben, um vieles zu lernen was ich für eine gut funktionierende Beziehung brauche. Ich darf Fehler machen, und mir eine Blösse geben. Heute Abend fasten wir Phones. Wir schauen den Kult Film Casablanca! «Schau mir in die Augen Kleines!»

106* Der wunderschöne Schwan (112 Geschehen)

Eine Freundin: Ich war wohl etwas aufgewühlt wegen der Aussage dieses Märchen. Ich hatte heute das Buch von dem hässlichen Entlein vor meinen Augen und es schüttelte mich. Danach ärgerte ich mich so richtig über die negativen und gemeinen Aussagen im Buch.

Ich: Ja ich verstehe Dich sehr gut. Das hässliche Entlein könnte man so übertragen. Aschenbrödel; Sie wird gläubig kommt zum König. Lass Dir an meiner Gnade genügen, Meine Kraft ist in den Schwachen mächtig. Jetzt hat Gott der Vater uns zur Rechten des Vaters erhoben. Ruhend in seiner Kraft sind wir befähigt, seine von ihm vorbereiteten Werke im Alltag zu tun. Alles Ihm zu Ehre! Ist das nicht wunderbar? Halleluja Amen. Komme jetzt zu Ihm wo Du mühselig und beladen bist. Ruhe in Ihm, lasse Dich erfrischen, und empfange seinen Frieden. Matthäus 11:28-30, 2.Kor.12:9 Einen schönen Abend wünsche ich Dir.

107* Hörst Du seine Stimme? 105 Schafe!

Zu welcher Herde gehörst Du?

Vor einigen Jahren machte die Geschichte einer Schafherde Schlagzeilen. Die Polizei von Köln berichtete damals über diesen aussergewöhnlichen Fall. Ein Hirte meldete der Polizei den Diebstahl seiner Herde von 105 Schafen. Einige Tage später lud die Polizei diesen Hirten ein, an den Kölner Güterbahnhof zu kommen, weil dort eine riesige Schafherde von über 5000 Schafen auf den Abtransport in die Türkei warteten. Die Polizisten erhofften sich, dass der Hirte vielleicht auf irgendeine Art und Weise einige seiner gestohlenen Schafe in der riesigen Herde wiederfinden würde. Der bestohlene Hirte rief seine Schafe und diese erkannten die Stimme ihres Hirten. Nach und nach lösten sich Schafe aus der grossen Menge und trotteten zum Hirten. Als man etwas später nachzählte waren es exakt 105 Schafe! Eine wunderbare und wahre Geschichte.

Was hat das mit uns und explizit mit unserer momentanen Situation zu tun? Nun, die grosse Herde mit über 5000 Schafen steht für uns Menschen. Wir können damit die ganze Menschheit darstellen, oder auch nur einzelne Nationen, Völker, wie z. B. die Schweiz. Es ist nicht besonders schwer eine grosse Herde mit Schafen dazu zu bringen, einem falschen Hirten zu folgen. Diese falschen Hirten, damit meine ich unsere Regierung, führen die grosse Herde, also den Grossteil der Bevölkerung nicht nur in die Irre, sondern ins Schlachthaus. Wie um alles in der Welt kommen wir auf den Gedanken «Sie machen es doch gut. Sie wollen nur unser Bestes»? Diese «Hirten» sind genauso wie die ihnen folgende «grosse Herde» gottlose Menschen bzw. Schafe. Losgelöst, getrennt von Gott. Und wir glauben tatsächlich, dass sie unser Bestes wollen?

Diese Hirten legalisieren tausendfach, per Gesetz die Ermordung von Kindern im Mutterleib.

Diese Hirten legalisieren und fördern per Gesetz die «Ehe» zwischen Gleichgeschlechtlichen.

Diese Hirten fördern die Zerstörung göttlicher und damit gesunder Familienstrukturen

Es gibt eine Begebenheit, die Jesus uns in der Bibel berichtet, die hier hineinpasst. Jesus hatte seinen Jüngern erzählt, dass er nach Jerusalem gehen würde um dort gefangen genommen zu werden, misshandelt und zum Tode verurteilt zu werden. Letztendlich um, an unserer statt, am Kreuz zu sterben. Petrus, einer seiner engsten Vertrauten, trat daraufhin vehement dazwischen und wollte Jesus davon abhalten bzw. das unbedingt verhindern. Er meinte es doch scheinbar nur gut (wie unsere Regierung)! Die Reaktion von Jesus war harsch und sicher schockierend für Petrus und alle anderen. Jesus aber wandte sich um und sprach zu Petrus: «Geh hinter mich, Satan! Du bist mir ein Ärgernis, denn du sinnst nicht auf das, was Gottes, sondern auf das, was der Menschen ist" (Matthäus 16,23)

Unsere Hirten (Regierung) sinnen ganz grundsätzlich und generell nicht auf das was Gott will, genauso wie die grosse Herde (die Masse des Volkes). Die blinden Hirten führen eine blinde Herde. Jesus sagt unter anderem von sich selbst, dass Er der gute Hirte sei und dass seine Schafe seine Stimme kennen und darauf hören. Auch wenn wir nur eine kleine Herde sind, wie Jesus es sagt und im Beispiel oben zu sehen, so kennen wir den guten Hirten und folgen Ihm nach!

Die Art und Weise wie seit über einem Jahr Personen mit einer anderen Meinung von der Regierung und dem BAG mit einhelliger Unterstützung der Medien entweder lächerlich gemacht, als Lügner abgestempelt, verunglimpft oder als Verschwörer hingestellt werden, ist beschämend und widerwärtig. Die vielgepriesene Meinungsfreiheit wird schon lange mit Füssen getreten und existiert nur noch auf dem Papier. Aber sie meinen es doch nur gut? Deshalb gehört ein NEIN zum Covid Gesetz in die Urne! Und unsere Gebete, dass sie sich Gott zuwenden!

108* Bitte informiere dich besser!

Liebe Schwester Du isst kein Blut mehr Nach dem Schlachten wird das Fleisch abgehangen?! Wird die Verarbeitung beendet ist das Blut nur noch für Blutwürste usw. ein Thema. Du sprichst selten von Jesus und dem Neuen Testament. Dann solltest Du mehr als 600 Gesetze im Alten Testament erfüllen. Es ist vollbracht hat für Dich nicht gereicht. Bitte höre auf, Jesus immer wieder zu kreuzigen. ER hat das Gesetz erfüllt. Du liebst Jesus und lebst das Gesetz. Wen der Sohn Frei macht ist recht frei. Wann hast du das letzte Mal das Neue Testament gelesen und studiert. Ich bekomme von Dir darauf keine Antwort. Ich denke Du hast Keine. Nicht Jesus gibt Dir Leben, sondern die Lehre Von Ellen G. WHITE Dies ist purer Götzendienst. Oute Dich mit Deinen Worten als Kind, Tochter Gottes. So wünsche ich Dir dass Du umkehrst zu den Wurzeln, Jesus Allein nachzufolgen. Er allein ist Dein Herr oder nicht ?!? Ich schliesse mit den Worten; Ich bin froh und ich freue mich, dass mein Name im Buch des Lebens geschrieben und zu finden ist.

109* Es ist Zeit sich vorzubereiten

Der Antichrist wird ein Mensch mit dämonischen Kräften sein, und die Anbetung des Teufels vorantreiben . Es gibt keinen Sohn des Teufels. Vor allem ist es sehr wichtig, dass wir Kinder Gottes des Allmächtigen, Licht und Salz sind und genug Öl in unseren Lampen haben. Lassen wir uns zubereiten auf das Wiederkommen Christi, um Ihn in den Wolken zu treffen und mit Ihm direkt in den Himmel zu gehen. Amen

110* Okkultisten, Hexen und Zauberer ein Mummenschanz?

Liebe Freunde, leider muss ich hier sagen: Es gibt tatsächlich Hexen, Hexer, Zauberer und Okkultisten mit teuflischen Kräften. Sexualrituale, Blutopfer (Halloween, Walpurgisnacht, Druidenkult und Seelenwanderungen usw.) gibt es heute immer noch. Wer das belächelt, hat keine Ahnung! Mit Tarotkarten zu spielen ist brandgefährlich. Weisse und schwarze Magie haben beide dieselbe Quelle. Dämonen rufen und mit Ihnen arbeiten. Jetzt räume ich noch einen Irrtum aus. Sie üben Kontrolle über Dich aus nicht umgekehrt. Die Geister, die ich rief, werde ich nicht mehr so schnell los. Es gibt Gott und den (Jesaja 14, Hesekiel 28) Teufel, ob Ihr es glaubt oder nicht; Es bleibt dennoch Eine Tatsache. Mit dem dunklen Zeitalter der Kirche und Ihre Scheiterhaufen, mit Kräuterfrauen und Aufständischen, hat dies gar nichts zu tun. Statement: Von deinen Gebundenheit und Ketten. kann Dich nur Deine Umkehr und Hinwendung zu Jesus Christus Deinen Retter, und Erlöser befreien. Das Alte ist vergangen, Neues wird werden. JESUS spricht zu Dir: Ich liebe Dich! Komm zu mir, werde meine Tochter, werde mein Sohn

Ich lebe, darum sollst Du auch leben.

111* Worauf schaue ich? Einer weiss um meine Not

2. Korinther 1:2-7 spricht vom Trost des Himmlischen Vaters. In den letzten 19 Jahren erlebe ich Diesen Trost immer wieder in meiner schweren Krankheit. Ich bete viel meinen Abba lieber Daddy mit meiner Stimme und Panflöte an. Wir sind mit Ihm ins Himmelreich versetzt. Lies laut oder Höre Psalm 121, Psalm 139, Psalm 91, Ps. 23 Epheser 1, und 2 Jesaja 53, In seine Wunden, bin ich Heil (geheilt) geworden. Erwarte die

Hilfe von Christus deinem Gott. Dies ist der Tag den der Herr gemacht. Lasset uns freuen und fröhlich sein. Freuet Euch und abermals sage ich Euch freuet Euch. Noch ein Geheimnis Nimm täglich 1x Das Abendmahl Jesus hat Sein Leib für Dich gebrochen und durchstossen lassen. Meine nicht, ER kann Dir nicht Nachfühlen! Ja ER kann und weiss um Deine Not. In der ganzen Welt erleben Kinder Gottes Schmerzen, Folter, Gefängnis Hunger Twister Waldbrände erschiessen, und Köpfungen. Hier in der EU werden wir mit unseren sozialen und medi-zinischen Möglichkeiten sehr gut versorgt. Auch in Sicherheit und Freiheit dürfen wir immer noch Leben. Das Blut Jesus Reinigt, befreit, schützt und fliesst durch meinen Körper. Iss und Drink zu Seinem Gedächtnis, so oft Du kannst, bis unser Bräutigam wiederkommt. Sei Licht und Salz. Und habe wie die weisen Jungfrauen genug Öl für Deine Lampe!! Dazu lese und studiere Sein Wort, Sein Wort und Sein Wort. Dein Wort ist meines Fusses Leuchte, ein Licht, Trost, Liebe Friede, Freude, und grosse Gnade auf meinem Weg.

Nochmals was ist Deine Sicht? Wir haben alle unsere täglichen Herausforderungen. Jesus Christus ist unser El Schadai. Er ist Gott der mehr als genug ist. El Raffa ist Dein Arzt, und Jawe Roy ist Dein guter Hirte. Jawe Zigenu ist deine Gerechtigkeit und Jawe Schamma ist Sein Banner über Dir ist. Liebe Amen Sela

112* Bist Du errettet

Lieber Mensch,

Nur durch die Gnade, weil Jesus für uns am Kreuz gestorben ist, werden wir gerechtfertigt und durch seine Auferstehung am dritten Tag, darf ich leben. Gottes Gabe ist es!!! Jesus sagte am Kreuz; ES ist vollbracht. Ich freue mich. Judas Ischariot im Himmel zu sehen. Petrus in der Apostelgeschichte 2, Kehrt um und tut Busse und lasst euch Taufen zur Vergebung der Sünden. Zu Deiner Rettung kannst Du nichts hinzutun. Sage zu diesem wunderbaren Geschenk einfach ja und beginne mit Jesus Christus deinem Retter und Freund zu Leben.

Jesus hat für mich und Dich am Kreuz der Gerechtigkeit Gottes, Genüge getan. In Johannes 1.12 Johannes 3.16 und 14.6 nachzulesen Auch Römer Kapitel 6-8 und Galater 3, ist sehr empfehlenswert. Erlebst Du Jesus Christus als Retter, Erlöser und Herr oder versuchst Du immer noch durch Werke Deine Rettung zu verdienen? Andere tragen auch dieses Sprüchlein vor; Ich bin ein guter Mensch. Ich tue recht, verletze niemand und führe ein ehrliches Leben! Du bist noch stolz darauf? So ist dies Deine Sünde. Was wirst Du tun? Du bist von Ihm geliebt. Dieses Geschenk ist unverdient aus Gnade. Kehrst Du heute noch um und beginnst mit Ihm zu Leben. Das Leben mit Ihm kostet Dich dein egoistisches Leben. Alle Ehre gehört unserem Himmlischen Vater.

113* Darf Christus dein Chef sein

Gebete und Ihre Erhörung; Füllt Gott bei Dir die erste Stelle aus? Hast Du Deinen Platz eingenommen? Trachtest Du nach dem Reich Gottes und seiner Gerechtigkeit...Matthäus. 6.33, oder muss es zuerst nach deinen Prioritäten Tust Du das was Er Dir sagt. Bist Du dankbar und betest Ihn an. Wann bist Du das letzte Mal seinem Willen nach gegangen und hattest diesen zu Ende geführt. Kann Sich Gott auf Dich verlassen. Übernimmst Du Verantwortung? Ein guter Verwalter bist Du auch, oder lebst Du über Deine Verhältnisse. 2.Chronik 7.14

Wenn mein Volk, sich demütigt, betet, mich sucht und von Ihren schlechten Wegen umkehrt, dann werde ich Euer Vater, vom Himmel herhören und eure Sünden vergeben, und Euer Land HEILEN! Wirf Dein Vertrauen nicht weg, auf das eine grosse Belohnung warten wird. Jesus betete so bei der Speisung (5 Brote und 3 Fische) der Tausenden: Danke Vater, dass Du mich erhört hast und dass Du mich immer wieder erhörst Amen! Danach verteilten die Jünger das Essen dem (5-10 000) Volk. Die Resten nach dem Essen waren gewaltig. Was wirst du tun?

114* Du und ich haben Ihn umgebracht!

Leute, nicht böse gemeint, aber ich darf ja fragen und meine Meinung sagen. Ich finde es großartig, hier in der Gruppe sein zu dürfen, Er ist der Sieger, warum wurde er getötet Den Allmächtiger konnten die Juden einfach so töten. Nichts gegen die Juden, da ER ja selbst aus diesem Volke kommt. Ein göttliches Wesen von einfachen Menschen getötet und das hat ER zugelassen? Ja, Er wählte dies aus purer Liebe und aus freien Stücken,

Ihr lieben ehemaligen oder fragenden Moslem; Jesus ist bei Euch ein Prophet ! Ihr sagt Isa; Jesus Christus ist der Sohn Gottes, Wir Christen glauben, ER ist für diese in Sünde gefallene Welt gekommen, um als ganzer Mensch unter uns Menschen zu wohnen und zu wandeln. Gott hat die Welt so geliebt, dass Er seine geliebten Sohn gab, dass jeder der an Ihn glaubt, nicht verloren geht, sondern ewiges Leben hat.

Jeder der sagt Jesus ist für mich nicht gestorben, hat den Ernst der Lage nicht verstanden. Auch haben nicht nur die Juden Jesus gekreuzigt und umgebracht, Du und ich auch. Wärst Du der einzige schuldige Mensch auf dieser Welt gewesen, Jesus hätte sich aus Liebe für Dich kreuzigen lassen. In Philipper 2:8 ist zu lesen; Er erniedrigte sich selbst und war gehorsam bis zum Tod, Ja zum Tod am Kreuz. Er wäre für deine Sünden und Dein getrennt sein von Gott, unserem lieben ABBA Vater gestorben. Er hat durch sein unschuldiges Opfer, das Gesetz erfüllt und Gerechtigkeit wieder hergestellt. So hat Jesus für Dich und mich, den Weg zum himmlischen Vater wieder frei gemacht. Ohne das Kreuz gibt es keine Vergebung. Die Strafe lag auf Ihm, auf das wir Frieden hätten. Durch die Vergebung, die ich erfahren habe, muss ich Gott nicht mehr durch Werke (früher Opferlamm) gefallen. Jederzeit kann ich mit meinem himmlischen Vater Gemeinschaft geniessen. Nichts kann mich mehr aus Seiner Hand reissen! Ich tue seine Werke heute aus Liebe und grosser Dankbarkeit und nicht mehr, weil ich glaube durch gute Werk den Himmel erarbeiten zu können. Ich habe Jesus als Retter, Erlöser und Herrn, angenommen weil ich Ihn persönlich erlebt habe und darum an Ihn glauben konnte, Im Himmel werde ich ewig mit Ihm Leben. Jesus Christus ist vom Tode auferstanden und Er lebt Du sollst auch Leben!

115* An Ihm scheiden sich die Geister

Wussten Sie dies; über 500 Menschen haben Jesus nach seiner Auferstehung gesehen und gesprochen. Es basiert in keiner Weise nur auf Hörensagen. Aber es heisst nicht umsonst: An Jesus scheiden sich die Geister. Ich denke viele werden aufwachen, wenn JESUS wiederkommt. traurigerweise wird es für viele zu spät sein. Es gibt einen Film, der auf wahren Begebenheiten basiert. Da war ein Journalist der Atheist war, der wollte unbedingt beweisen, dass es Jesus nicht gab. Bei seiner Recherche hat er herausgefunden, dass alles wahr ist, was über JESUS erzählt wird. Er wurde durch seine Recherche gläubiger Christ. Nur weil man sich das nicht vorstellen kann, dass Jesus wirklich noch heute lebt und erfahrbar ist, heisst es nicht dass es nicht wahr ist. Es ist bewiesen, dass es Jesus gibt, sie können, das was sie behaupten nicht beweisen, aber ER ist erfahrbar. Rufen Sie IHN an. Er wird Ihnen antworten!

Ich wünsche ihnen von Herzen Gottes Segen

116* Gott ist persönlich erfahrbar 1

Kulturen gehen und kommen! Auch die Christliche Kultur zeigt sehr deutlich, wie sich eine Kultur auflöst, um einer anderen Platz zu machen.

Warum glauben gewisse Leute, dass die christlich-abendländische Kultur seit Ewigkeit bestände? Im Lauf der Geschichte sind die etwa 2000 Jahre ein Klacks, ein Herr Gauland würde sagen "ein Vogelschiss".

Also, macht doch nicht so ein Geschrei mit Symbolen, die aus einer Story aus der Eisenzeit stammt, der ältere Teil sogar aus der Steinzeit.

Ich kann Euch versichern, dies ist nicht das Ende der Fahnenstange. Hier gibt es noch viel zu entdecken. Es ist nach oben noch viel Luft vorhanden! Jesus sitzt zur Rechten des Vaters und wir sind hier unten auf der Erde als Botschafter, die sein himmlisches Reich der Liebe Gottes verkünden.

117* Gott ist persönlich erfahrbar 2

Ja es ist wahr, wer mit Gottes Geist nichts am Hut hat, kann das Wort Gottes nicht in der Tiefe verstehen. Jesus Christus und das Kreuz ist denen Menschen eine Torheit, die verloren gehen, uns aber, die wir daran glauben, ist es eine Gottesfreude.

Ich weiss nicht aus welchen Erfahrungen Du Deinen Spott, und ablehnenden Hass, gegen den christlichen Glauben hast; eines weiss ich Er kann auch Dein böses und verwundetes Herz lenken wie Wasserbäche. Lieber Freund, Du bist geliebt. In den letzten 34 Jahren habe ich gelernt Menschen wie Dich zum himmlischen Vater hinzulieben.

Auch wenn Sie das absolut nicht abkonnten und an dieser Liebe, dem Erbarmen und der Annahme fast verzweifelten!

An Jesus Christus kommst Du nicht vorbei! Er wartet mit grossem Verlangen auf Dich. Alles nur erdenkliche Gute, wünsche ich Dir auf deinem weiteren Lebensweg.

So sehr hat Gott, die Welt geliebt, dass er seinen einzigen Sohn gab, dass jeder, der an Ihn glaubt, nicht verloren geht, sondern ewiges Leben hat.

118* Gott ist persönlich erfahrbar 3

Es ist alles gut. Sie versuchen alles um nicht an Gott/Jesus Glauben zu wollen oder müssen. Dies ist ihr gutes Recht.

Ich glaube an Jesus Christus, der Gott der Liebe, der Sohn Gottes, der für uns am Kreuz gestorben ist, damit alle die an ihm glauben gerettet werden. Das ist mein Sinn und Ziel des

Lebens und meine Hoffnung Welchen Sinn und welche Ziele steuern Sie an, bis Sie einmal von dieser Welt gehen? Wie könnte ich die ganze Bosheit dieser Welt ertragen, wenn ich diese Hoffnung nicht hätte. Auch wenn Sie versuchen, Menschen durch ihre Argumentation vom Glauben abzubringen. Damit Offenbaren Sie nur, wie hilflos Sie uns Menschen gegenüber sind, die den Sinn darin gefunden haben an Jesus Christus Glauben zu können.

Wenn sie nicht glauben wollen, dann lassen sie es! Jesus spricht : Ich bin der Weg und die Wahrheit und das Leben, niemand kommt zum Vater als nur durch mich. Einen gesegnetes Leben wünsche ich ihnen

119* Weisst Du wer unser Gott ist.

Alle würden Ihm folgen, wäre ER jetzt hier unter uns wäre, Verantwortung übernehmen und es vorleben würde!. Ich bin überzeugt, Heutzutage reicht es nicht mehr alle 2000 Jahre ein Buch herauszugeben. Du musst jeden Tag "Influenzen".

Lies die Bibel (48 Bücher) sprich mit Jesus. Er ist das Mensch gewordene Wort Gottes! Stell dir vor, Jesus Christus lebte drei Jahre dienend unter uns. Er ist immer noch derselbe Gott. Er hat sich in den letzten 2000 Jahren nicht verändert. ER ist derselbe und wird immer derselbe bis in alle Ewigkeit bleiben. Wegen Deiner Gottferne und Deiner Schuld hat es Jesus das Leben gekostet. Ja demütige Dich von Deinem hohen Ross auf deine Knie, tue Busse und kehre um von Deinen bösen Wegen und folge Jesus nach. Dann wirst Du mit Ihm zusammen, noch die grösseren Wunder tun als ER je getan hat. Also mach nicht solche unangebrachten Sprüche. Nur weil Du keine Ahnung vom Wirken unseres allmächtigen Gottes hast. Jesus ist auferstanden und ER hat Dich errettet. Somit wurdest Du erlöst von Schuld und Tod. Heute wenn Du SEINE Stimme hörst, verstocke Dein Herz nicht und entscheide Dich Mit deiner eigenen Stimme, für Deiner Retter und König Jesus. Ja lerne IHN heute noch kennen und erlebe Ihn.

120* Das Leben prägt, Trost und Freude darf herrschen!

Hier habt Ihr einen kleinen Ausschnitt aus meinem Leben! Diese Herausforderungen haben mich sehr dankbar und barmherzig gemacht. 2003: hatte ich dreifachen Krebs; angefangen in der Lunge einen im Knochen und der Letzte war in der Harn Blase eingewachsen Meine jüngste Tochter war damals (2003) 3 Monate alt,. 60 Tage schwerste Chemo im Turnus von 21 Tagen (sechs Tage Isolation) innerhalb 10 Monaten und 21 Kg (noch 74Kg) leichter. 2 Jahre Spital rein und raus! Gnade! Was denkst Du, wie es meiner Frau und unseren 3 Kindern. ergangen ist? Viele Ängste, Nöte und Unsicherheiten, begleitete meine Familie. Mit 57 Jahren lebe ich immer noch, und empfing im Mai 2020 die zweite Nierentransplantation. Dazu habe ich eine künstliche Blase (60 cm meines Dünndarm geformt zu einer Blase) ohne Schliessmuskel. Also bin ich 100% Inkontinent und trage (Windeln) Einlagen. In den 17 Jahren bin ich schon dreimal fast gestorben. An Wunder glaube ich immer noch. Unserem Gott ist nichts unmöglich. Ich verbringe viel Zeit in der Gegenwart unsere himmlischen Vaters, dabei tanke ich auf, erfrische mich und lasse mich von der Kraft seiner Gnade nur für heute durch den Tag tragen. Durch Ihn und sein Wort bin ich noch am Leben. Nur so kann ich noch das Leben geniessen. «Kommst Du damit klar?» Werft Euer Vertrauen nicht weg auf das eine grosse Belohnung wartet. Hiob: Aus Furcht hat er geopfert.

Was ich befürchtet habe ist eingetroffen. Seine Tortur ging ungefähr 9 Monate. Danach wurde Er von Gott mit sieben Fach grösseren Reichtum beschenkt und belohnt. Bringt nicht immer Hiob. Nimmt Zum Beispiel Abraham, Josef, David und Paulus Studiert diese Glaubens Helden wie Sie Ihre Herausforderungen bewältigt haben. Ich glaube, Wir haben uns verstanden!

121* Jesus ist der Messias und Gott

Ein Moslem sagte zu mir: Jesu hat nie gesagt, Er sei Gott! Ich: Dies stimmt so nicht; In Johannes 8.52-58 steht; Da sprachen die Juden zu ihm: Jetzt erkennen wir, dass du einen Dämon hast! Abraham ist gestorben und die Propheten, und du sagst: Wenn jemand mein Wort bewahrt, so wird er den Tod nicht schmecken in Ewigkeit. Bist du größer als unser Vater Abraham, welcher gestorben ist? Und die Propheten sind auch gestorben. Was machst du aus dir selbst? Jesus antwortete: Wenn ich mich selbst ehre, so ist meine Ehre nichts; es ist mein Vater, der mich ehrt, von welchem ihr saget, er sei euer Gott. Und doch habt ihr ihn nicht erkannt; ich aber kenne ihn. Und wenn ich sagen würde, ich kenne ihn nicht, so wäre ich ein Lügner, gleich wie ihr. Aber ich kenne ihn und halte sein Wort. Abraham, euer Vater, frohlockte, dass er meinen Tag sehen sollte. Und er sah ihn und freute sich. Da sprachen die Juden zu ihm: Du bist noch nicht fünfzig Jahre alt und hast Abraham gesehen? Jesus sprach zu ihnen: Wahrlich, wahrlich, ich sage euch, ehe Abraham ward, bin ich! So erklärte Jesus den Gesetzeslehrer, dass ER Gott sei. 2). In 1. Johannes 5:5-8 steht. Wer ist es, der die Welt überwindet, wenn nicht der, welcher glaubt, dass Jesus der Sohn Gottes ist? Er ist es, der mit Wasser und Blut gekommen ist, Jesus Christus; nicht mit Wasser allein, sondern mit Wasser und Blut. Und der Geist ist es, der bezeugt, weil der Geist die Wahrheit ist. Denn drei sind es, die bezeugen: der Geist und das Wasser und das Blut, und die drei sind einig! 3.) Lese Johannes 1:1-11 Das Wort war bei Gott und das Wort war Gott und das Wort wurde Fleisch. Wer wurde Mensch, lebte unter uns und starb am Kreuz für unsere Sünden. Es war die 2. Person unseres Gottes, Jesus Christus unser Retter. Bete Deinen Messias und Gott an. Aselmu Aleikum!

122* Halloween ist kein Spass

Als Christ feierst Du doch nicht Magic Halloween. Das ist geistlicher Krieg .Dies kein Spiel. Auch heute noch werden Menschen and diesem Tag geopfert zur Ehre des Teufels. Studiere es selbst und handle danach.

123* Noch Lernfähig und Richtungswechsel

Beratend möchte ich Dir gar nicht zur Seite stehen. Leider kann ich bei Dir keine Bereitschaft erkennen, nur irgendetwas von einem anderen Menschen anzunehmen. Solche Menschen wie Du mit dieser Überheblichkeit auch Selbstschutz genannt, müssen nichts mehr lernen oder sich verändern. Du weisst scheinbar wie das Leben funktioniert. Du wirst Dich auch selten entschuldigen, weil Du keine Fehler machst. Leider wirkst Du auf mich so! Wer hat Dich so verletzt? Warum musst Du so viel Gift versprühen? Die Dinge verdrehen und vielfach zurückwerfen? Wenn du wirklich Sicherheit und inneren

Frieden hättest, müsstest Du Dich nicht so verteidigen. Reichlich wünsche ich Dir Gottes Trost. Seine Ruhe und seinen tiefen Frieden Schönen Abend.

124* Enttäuschung - Selbsttäuschung

Viele Menschen wenden sich von Jesus Christus ab, weil Sie schlechte Erfahrungen mit religiösen Menschen gemacht haben. Auch Jesus machte schlechte Erfahrungen mit Religiösen. Menschen enttäuschen Menschen. Jesus Christus enttäuscht nie! Er kann aber sehr gut nachempfinden und Helfen. Sein Arm ist lang genug.

125* Märchen und das damalige Weltbild

Eine jung Frau: Märchen sind vom Teufel!

Hallo junge Frau, Aschenbrödel dürfen wir auch nicht mehr schauen. Die Brüder Grimm, die Zigeunermärchen, Märchen aus 1001 Nacht und viele andere, spiegelten 1.) das Leben in dieser Zeit wider. 2.) den Glauben an eine (Reichtum nicht Armut) bessere Welt. 3.) Gerechtigkeit muss wieder hergestellt werden. 4.) Frieden im Land darf sich wieder einstellen. Weil Dies alles meistens nicht möglich war, kamen Feen, Zauberer, Hexen, verzauberte Prinzen, Prinzessinnen, Zauberhaare, Zaubernüsse, ein Goldesel, Tischlein deck Dich, Knüppel aus dem Sack und der Froschkönig auf den Plan. Das waren Geschichten und Märchen aus den verschiedensten Ländern für das ganze Dorf, um zu schwärmen und träumen. Grundsätzlich wurden diese Geschichten für Erwachsene geschrieben. Früher waren es die Minnesänger, die von Dorf zu Dorf und von einem Königshof zum Nächsten, mit Ihren Geschichten und Gesängen reisten. Sie buhlten um die Gunst der Könige, Adelige und Ihre Frauen. So hatten Sie Ihr Auskommen. Wenn Sie die Gunst verloren, (Lügen usw.) wurden Sie mit Schimpf und Schande fortgejagt. Manchmal wurden Sie auch gesteinigt oder aufgehängt. Die reisenden Minnesänger, wie die Hofnarren, waren zuständig für die Unterhaltung. Sie erzählten von Menschen, die mutig und tapfer im ganzen Land zu belobigten Helden wurden. ihre Liebste gewann, mit Gold überhäuft wurden und wenn Sie nicht gestorben sind, leben Sie heute noch. Tschüss und einen schönen Abend!126* Ich muss mich selbst entscheiden!

Wir sind alles Gottes Kinder und niemand geht verloren. Gott unser himmlischer Vater, wir sicher niemanden verdammen.

Esoterischer kann es gar nicht klingen. In der Bibel sind Dir diese Lügen sicher nicht begegnet! Wessen Gewissen möchtest Du beruhigen? Wir sind nicht einfach alle Gottes Kinder. (Johannes 3:16 Johannes 1:12 und Johannes 14:6) Ist bei Dir eine persönliche Beziehung zu Jesus Christus unserem Herrn vorhanden. Jeder von uns muss seine persönliche Entscheidung für Jesus Christus treffen, sonst geht er verloren. Jeder der Namen des Herrn Jesus Christus anruft wird errettet werden! Wohin soll ich gehen als zu Dir. Du Allein hast Worte des ewigen Lebens. Entweder ist ER mein Erlöser, Herr und mein König oder Er ist mein Richter. Was wird ER am Ende Deines Lebens für Dich sein. Wo wirst du Die Ewigkeit verbringen.

127* Schlimmes und Gutes erlebt, wähle das Leben!

Das Bild mit dem ewigen Feuer ist meiner Meinung nach Unsinn. ich denke nicht das irgendjemand nach dem Tod in das ewige Feuer geworfen und ewig brennen wird? Das Leben auf dieser Welt ist für Viele Menschen schon schlimm genug.

Du hast recht man erlebt Schlimmes auf dieser Welt.

Genau aus diesem Grund kannst Du Dich für ein Leben mit Gott und seinen Plan für dich entscheiden. Oder Du entscheidest Dich gegen IHN und lebst Dein eigenes Leben. Alle Deine Entscheidungen haben Konsequenzen.

Genau für dieses Schlimme und das ewig getrennt sein von unserem ABBA Vater im Himmel ist, Jesus aus Liebe zu uns ans Kreuz genagelt worden. Er hat für Dich gelitten. ER ist am dritten Tag von Gott, seinem Vater vom Tod auferweckt worden. Ja er ist wirklich auferstanden und Er lebt. CHRISTUS hat den Tod besiegt. ER ruft Dir zu: Mensch ich lebe. Lebe auch Du!

Dein Leben mit Ihm, wird vielleicht nicht einfacher, aber immer wirst du Gott an Deiner Seite haben, getragen mit der Kraft seiner Gnade. Ja ER lässt Dich nie im Stich. In Matthäus 11.28 kannst Du nachlesen Komme her zu mir da du mühselig und beladen bist, ICH will Dich erfrischen und wieder herstellen. Nehme auf Dich mein Joch und lerne von mir, denn ich bin sanftmütig und von Herzen demütig, damit Du Frieden findest für Deine Seele. denn mein Joch ist sanft und meine Last ist leicht.

128* Jeder kann erkennen und wählen

Wenn ein Mensch in einem entlegenen Erdteil zur Welt kommt und nie was von Jesus Christus gehört hat; Was ist mit ihm, nach dem Ablegen des Körpers? Glauben Sie, dass Gott ein Geschöpf ins ewige Feuer wirft?

Lieber Mensch; An der Schöpfung werden diese Menschen erkennen, dass es ein Gott gibt und diesen Schöpfergott anbeten. Wer sein eigenes Leben auskosten möchte, ohne je nach Gott oder dem Schöpfer gefragt zu haben, genau so werden diese Mensch in Ewigkeit verloren gehen.

Niemand hat ein Ausrede! Alle haben gesündigt, niemand ist gerecht und haben Gott die Ehre gegeben. Römer 3:9-23

129* Der Mensch hat seinen eigenen Willen

Und Gott der Herr nahm den Menschen und setzte ihn in den Garten Eden, dass er ihn bearbeiten und bewahren sollte . Und Gott der Herr gebot dem Menschen und sprach: Du sollst essen von allen Bäumen des Gartens; aber von dem Baum der Erkenntnis des Guten und des Bösen sollst du nicht essen; denn welchen Tages du davon isst, musst du unbedingt sterben! * 1. Mose 2:15-17 SCH51 Dir ist alles erlaubt, aber nicht alles ist gut für dich. Darum die Gebote, mit der Kreuz als Richtschnur für unser Leben 1. Kor. 10, 23

*»Sterbend Sterben ein Leben lang vor Dich hinvegetieren, ohne direkte Gottes Beziehung «

Siehe, ich lege euch heute den Segen und den Fluch vor: den Segen, wenn ihr den Geboten des Herrn, eures Gottes, gehorsam seid, die ich euch heute gebiete; den Fluch aber, wenn ihr den Geboten des Herrn, eures Gottes, nicht gehorsam sein werdet und von dem Weg, den ich euch heute gebiete, abweicht, sodass ihr anderen Göttern nachfolgt, die ihr nicht kennt. Schlachter 2000

130* Setze Dich dieser Gnade aus

Heute ist Tag der Arbeit! Nix Sabbat. Ich unterwerfe mich nicht der Diktatur der Steinewerfer. Sagte doch ein feiner Herr: Das Gesetz muss erfüllt werden! Basta!

JESUS hat am Kreuz von Golgatha gelitten und ist dort für Dich und mich gestorben, und hat das Gesetz erfüllt. Der Gerechtigkeit hat Er zwischen Gott und uns vollstes Genüge getan. Setze Dich jetzt dieser Gnade aus. Entscheide Dich für dieses erfüllende Leben aus 5-6000 Jahre alte jüdische Wurzeln. Jesus hat für uns alle am Kreuz gelitten ist gestorben und auferstanden. Für die Juden wie für uns. Schau in die Welt; Nichts ist heute so aktuell wie christliche Werte. inklusive die Kreuzigung, seinen Tod und die Auferstehung Christi. Er Lebt und Du sollst auch Leben! Lass Dir an meiner Gnade genügen meine Kraft ist in den Schwachen mächtig! 2.Korinther 12:9

131* Ruft seinen Namen an

Wer den Namen des Herrn Jesus anrufen wird soll gerettet werden. Römer 10.13 Wenn wir aber im Lichte wandeln, wie er im Lichte ist, so haben wir Gemeinschaft miteinander, und das Blut Jesu Christi, seines Sohnes, reinigt uns von aller

Sünde. Wenn wir sagen, wir haben keine Sünde, so verführen wir uns selbst, und die Wahrheit ist nicht in uns; wenn wir aber unsere Sünden bekennen, so ist er treu und gerecht, dass er uns die Sünden vergibt und uns reinigt von aller Ungerechtigkeit. 1. Johannes 1:7-9 SCH51

132 Fegefeuer oder ewig verloren?

Lieber Mensch, das Fegefeuer gibt es nicht, aber Du musst dich vor Deinem Tod mit deinen eigenen Worten für Jesus Christus, Deinem Retter Herr und König entscheiden. Er wartet auf Dich. Durch seinen Tod am Kreuz und seine Auferstehung, hat Er Dir den Weg zum Vater und in den Himmel freigemacht. Dies kannst Du Alles in der Bibel nachlesen. Johannes 3:16, Johannes 14:6, Johannes 1:12 Heute ist der Tag deiner Entscheidung Jesaja 61:1-3 mit Deinem Retter und König Jesus Christus leben zu können. NUR so wirst Du mit Deinem himmlischen Vater die Ewigkeit verbringen.

133* Selbstmörder, Mörder im Himmel

Judas wirst Du nicht im Himmel finden. Er war ein Selbstmörder.

Wir würden sagen; Er hat sein Leben selbst verkürzt. Du wirst viele Mörder und Selbstmörder im Himmel finden. Ich weiss von einem wiedergeborenen Kind Gottes, ein Familien Vater, und Ehemann, der sich nach jahrelanger, tiefer Depression erschossen hat. Die Katholische Liturgie und ihren Kate- chismus in allen Ehren, aber das Selbstmörder und Mörder nicht in den Himmel kommen, steht nirgend in der Bibel. Es steht in Johannes 3:16-17 geschrieben; Denn Gott hat die Welt so geliebt, dass er seinen eingeborenen Sohn gab, damit jeder, der an ihn glaubt, nicht verloren gehe, sondern ewiges Leben habe. Denn Gott hat seinen Sohn nicht in die Welt gesandt, dass er die Welt richte, sondern dass die Welt durch ihn gerettet werde.

Mose, David und Paulus waren Mörder. Glaube der Schrift; Wir werden Sie im Himmel wiederfinden. Was ist mit den vielen Frauen, die zum Glauben kommen und vorher abgetrieben haben. Auch diese Mörderinnen liebt Gott und heisst Sie im Himmel herzlich willkommen. Sei barmherzig, wie Gott Barmherzig ist.

Matthäus 5:7 Selig sind die Barmherzigen denn Sie werden Barmherzigkeit erlangen!

134* Jesus Christus oder Maria die Mutter

Es ist die Gnade unseres himmlischen Abba Vater, und sein Wort, das mich trägt. Maria ist das Gefäss, dass Jesus unseren Retter, Freund und König auf die Welt gebracht hat. Sie ist aus diesem Grund nicht die Mutter Gottes, die ich verehren würde. Liebe Schwester; liest Du oder hörst Du regelmässig Deine Bibel. Nicht einmal von Jesus selbst oder jemand anders wurde sie jemals als Mutter Gottes bezeichnet. Ich möchte und werde den heiligen Geist NICHT betrüben, Darum gebe ich alle Ehre meinem Gott und bete Ihn an, Jesus Christus und unseren himmlischen Abba Vater. Liebe Schwester; lese bitte in Johannes die Kapitel 10, 14, 15 u 17. Hier noch eine wichtige Aussage von Jesus: Wenn Ihr mich seht, seht Ihr meinen Vater.

Nirgends steht in der Bibel, wir sollen mit Maria sprechen, geschweige Sie anbeten, oder Sie um etwas bitten. Willst Du einen Mittler in deinem Leben um etwas bitten, lese den 1.Timotheusbrief.

JESUS Christus ist unser Mittler und Anwalt vor Gott dem Vater. Die Bibel und Gottes Geist lehrt uns, wen wir anbeten oder um etwas bitten sollen. Dies ist unser himmlischer Vater im Namen Jesus allein! Liebe Schwester, Wenn Du möchtest, dass Deine Gebete erhört werden, betest Du im Namen Jesus zu unserem himmlischen Vater. Sei gesegnet im Namen Jesus. Komme in Ihm zu Ruhe. Es ist noch eine Ruhe vorhanden für das Volk Gottes. Amen Selah!

Ps. Geniesse Jesaja 55.1-5 Komme zum Thron der Gnade. Dort ist alles für dich zum Leben bereit. Empfange Gottes Gaben und labe Dich an Milch und Honig. Gratis und ohne zu bezahlen

135* Locken Verloben Erkennen

Darum siehe, ich will sie locken und in die Wüste führen und ihr zu Herzen reden; und ich will ihr von dort aus ihre Weinberge wiedergeben und ihr das Tal Achor zu einer Tür der Hoffnung machen, dass sie daselbst singen soll wie in den Tagen ihrer Jugend und wie an dem Tage, da sie aus Ägypten zog. Und ich will dich mir verloben auf ewig und will dich mir verloben in Recht und Gerechtigkeit, in Gnade und Erbarmen, und will dich mir verloben in Treue, und du wirst den HERRN erkennen! Hosea 2:14-15, 19-20 SCH51. Gott hat eine wunderbare Linie durch sein Wort. Freundschaften sind so wertvoll. Schaut euch David und Jonathan an. Ihr Männer und Frauen prüft eure Beziehung, wollt Ihr euch ewig binden. Nach unserer ersten gemeinsamen Sylvester Feier, fragte ich meine Freundin in der Küche: Willst Du diesen Ring als Freundschaftsring oder soll Er Dein Ring unserer Verlobung sein? Sie antwortete strahlend: Ja für die Verlobung soll Er. Sein. Freude herrscht! Danach waren wir eineinhalb Jahre verlobt Von Beginn unseres Kennenlernens bis zur Eheschliessung haben wir nie zusammen (Erkennen) geschlafen.

136* Du ergänzt mich
'
Ein junger Mann: Heirate den Menschen, der Dich näher zu Gott bringt.

Ich brauche nicht eine Frau, die mich näher zu Gott bringt, sondern die mich ergänzt. Es liegt allein in meiner Verantwortung, meinen Gott näher und tiefer kennen zu lernen und die Verantwortung für mein Leben wahrzunehmen.Eine interessante Aussage, die Du hier gemacht hast!" Hast Du das selbst geschrieben?

Dies habe ich so aufgeschrieben, wie ich es seit 25 Jahren glaube und lebe. Für meinen erlebbaren Glauben bin ich selbst verantwortlich. Zu zweit könnt Ihr einander ergänzend, die Stärkste kleinste, Gemeinschaft im Leib Christi sein. Einer schlägt tausend, aber zu zweit in Einheit schlägt Ihr Zehntausend. Gerade im gemeinsamen Gebet, in der Proklamation des Wortes und im Gebetskampf, werdet Ihr so viele tiefe Zeiten mit dem Heiligen Geist erleben. Ihr werdet Euch freuen an Euren Gebets Erhöhungen von Unseren ABBA Vater. So werdet Ihr auch stärker in der Liebe und in der Einheit zusammenwachsen. wachsen. Amen Sela.

Ps. Gegenseitiger gelebter Glaube macht attraktiv und zieht sich auch gegenseitig an.

137* Ich kann Dich gut verstehen

Ich war in einer knapp 11-jährigen Beziehung, Sie war meine erste Freundin, und wir lernten uns in der Schule kennen. Heute, seitdem ich Langezeit Single bin, ist mir aufgefallen, wie die Welt wirklich ist. in Sachen neue partnerbezogenen Kontakte aufzubauen. Ich denke es ist ganz einfach zu formulieren, warum viele von Uns einfach noch Single sind und oder verarscht werden. Die zunehmende Oberflächlichkeit der Menschen mich eingeschlossen, nimmt zu. Weiter besteht kaum Kommunikationsfähigkeit, sollte man sich mit jemanden austauschen wollen. Die Wegwerfgesellschaft übernimmt den Rest. Ich kann Dich gut verstehen!

Die wahren christlichen Werte, Liebe Freude Friede und Freundlichkeit, Geduld, sich beherrschen und den anderen höher achten als sich selbst. Vergebung leben und einander loslassen ist nicht mehr erstrebenswert. Mit meiner Liebe zu meinem Schöpfer und Erlöser Jesus Christus, ist mir dies wieder möglich in einer Beziehung auszuleben.

138* Beuteschema, Objekt, Partnerin oder Partner

Nach meinem Empfinden ist ein solcher Post nur peinlich. Wenn Du von jemandem angeschrieben wirst, der nicht in Dein Beuteschema passt. Dankend ablehnen, nicht reagieren oder wenn er frech wird, dann sperre ihn ganz einfach! Du kannst doch Anderen nicht vorschreiben wer wen anschreiben darf. Aus Altersgründen anderen Gründen, oder wieso auch immer!

An alle Männer, Frauen Gendermenschen usw.

Wieso sprechen sehr viele von Euch von diesem Beuteschema. Seid Ihr alle regelmässig auf der Jagd nach Beute oder einem Gegenüber? Ist Sie oder Er später Euere Partnerin, Partner, Ehefrau, oder Ehemann? Habt Ihr Eure Liebsten auf der Jagd erlegt?

Ich werbe sehr gerne um meine zukünftige Ehefrau und Geliebte, die ich ergänzen soll und nehme mir viel Zeit für Sie! Wäre dies nicht eine Option, die man überdenken sollte.

Unser Denken und unsere Bedürfnisse bestimmen leider meistens unser Handeln!

139* Single suchen Partner(in) 1

Hallo liebe Schwester, Dein wunderschönes Gesicht und Deine liebevollen und sanften Augen ziehen mich sehr an. Auch ich liebe es sehr, gemeinsam unseren himmlischen Daddy, im Geist und in der Wahrheit anzubeten.

Wo auch immer ich bin, Menschen mit Jesus bekannt zu machen, oder für Sie zu beten, ist mir ein grosses Anliegen. Auch würde ich gerne betend hinter Dir stehen, wärend Du die frohe Botschaft verkündest und weitergibst. Reich Gottes bauend, Dich kennenzulernen, würde mir grosse Freude machen. Was meinst Du dazu? Ich würde mich freuen, von Dir zu hören. Bis bald; Es lieben Gruss Andi

Lieber Andi: Du schreibst wirklich wunderbar. Freut mich von dir zu lesen. Sag, warst du bereits verheiratet und hast du Kinder? Ich frage lieber nochmal nach, weil viele gern etwas mit diesen Angaben schummeln!!

Aus deinen Zeilen heraus entnehme ich, durch die Art wie du schreibst, dass du Jesus dein Leben übergeben hast. Richtig Wie und bist du zum Glauben gekommen? Ich liebe Zeugnisse

Liebe Scharon:

Mein Interview ist wahr! Nur so komme ich im Leben weiter. Jesus ist meine Ehre und Gehorsam ist mein Erfolg. Und ja ich war 22 Jahre verheiratet und ich habe 2 wunderbare Prinzessinnen Sarah Simone ist 20, Kim Joy wurde 18. Dazu einen wunderbaren Sohn David Micha, Er wird 22. Es ist sehr angenehm, sich mit Dir zu unterhalten und Gott sei Dank, sagst Du genau, was Du willst und was Du denkst. Bis bald Einen lieben Gruss Andi

140* Single suchen Partner(in) 2

Lieber Andi: Verzeih, dass ich Dir nicht eher geantwortet habe. Ich bin momentan sehr eingebunden und selten online. Ich bin pflegende Angehörige und meine Mutter ist sehr krank. Die Ärzte helfen nicht, lehnen sie ab und beleidigen sie sogar oftmals. Es ist wie verhext. Ich weiss nicht, was ich machen soll oder was Gott in dieser Sache als nächstes will. Er schweigt oder ich höre ihn nicht. Wenn du möchtest bete für meine Mutter, dass sie sich vollständig zu Jesus bekehrt und nicht stirbt, bevor sie Busse getan und umgekehrt ist, um Weisheit in Bezug auf ihre Erkrankung, was wir als nächstes tun sollen und um Schmerzfreiheit und Heilung. Ich finde deine Einstellung in jeder Hinsicht wunderbar. Mit diesen dürftest du gar kein Single mehr sein und die Frauen müssten sich um dich reißen! Ich war nie verheiratet und habe keine eigenen Kinder. Mir ist es leider vergönnt geblieben, eine Familie zu Gründen. Ich habe nie verstanden, wieso ich diesen Herzenswunsch nicht erfüllt bekommen habe. Aber ich vertraue darauf, dass Jesus besser für mich weiss, was gut ist als ich. Ich hatte wenige Beziehungen in meiner Jugend, als ich nicht mit Jesus unterwegs war. In den vergangenen 6/7 Jahren bis letztes Jahr pflegte ich eine platonische Fernbeziehungen. Leider war sie menschlich eher enttäuschend. Ich erwarte nicht viel und gebe gern, möchte aber, wenn es darauf ankommt dass mein Gegenüber für mich da ist,. Dies war halt nicht gegeben. Vieles andere war auch nicht stimmig und so habe ich den Kontakt auf Eis gelegt. Darf ich fragen, woran deine Ehe scheiterte? Was hast du hier für Erfahrungen gemacht? Ich habe den Eindruck gewonnen, dass gerade Christen besonders hohe Erwartungen an einen potenziellen Partner stellen, gerade wenn es um Oberflächlichkeiten geht. Ich finde deine Geschichte mit Jesus spannend. Ich liebe Zeugnisse! Kennst du das (eher weltliche) Lied: Du bist das Beste, was mir je passiert ist, es tut so gut dass es Dich gibt? Ich finde, man kann es also, auch gut auf Jesus übertragen. Magst du mir den genauen Moment erzählen, als Jesus dich gerufen hat und du merktest, dass er dich ruft und genau jetzt vor deiner Tür steht? Schlaf schön lieber Andi und sei gesegnet

141* Single suchen Partner(in) 3

Liebe Scharon: Hier werde Ich Dir ein wenig über mich und meine Vorstellungen erzählen. Mit Leidenschaft koche ich (lieber für zwei und mehr) geniesse das Foto schiessen. Seit über 33 Jahren lasse ich die Panflöte erklingen (vor allem für Worship) Seit vielen Jahren bin in der Seelsorge und im hörenden Gebet unterwegs;. Dazu nehme ich immer wieder Teil an der Christlichen 12 Schritt-Endlich Leben Arbeit CH in Bern. Geniesse den wunderschönen Sonnenuntergang und nippe dabei an einem guten Glas Wein. Natürlich auch lieber mit Dir. Auf Dich freue ich mich; weil Du von ganzen Herzen JESUS liebst und IHM nachfolgst. Du weisst was Du willst und stehst im Leben. Auch kannst Du über Dich selbst lachen. Das Leben geniesst Du in vollen Zügen, zu zweit umso mehr. Vielleicht teilen wir uns auch ähnliche Freizeitgestaltungen Du geniesst liebevolle Komplimente und willst wahrgenommen werden. Du lehnst Dich sehr gerne an. Das Wohnen geniesst Du auch und den regen Gesprächs-Austausch auf dem Sofa, zu einem Snack und einem guten Glas Wein. Ab und Zu können wir auch zusammen etwas Köstliches kochen. Ich hoffe Du liebst Zärtlichkeiten. Herzlichen Dank, dass Du Dich nicht abhalten lässt, mich zu kontaktieren. Du bist Ja sicher ein grosses Mädchen, und ich bin ein grosser Junge, Bis bald Ich freue mich auf Dich. Liebs Grüessli (Gruss) Andi Was bedeutet dir Jesus Christus? Jesus ist Mein Erlöser-Mein starker König - und mein liebster Freund. Mein ABBA lieber Daddy meine (Lebenserfüllung) Mein Lebensglück und ER Vervollkomm-net mich! Bist du ein von neuem geborener Christ? Siehe Johannes 3, 3-7 Im Jahr 1987 habe ich mich im Pickwik- Pub in Baden für Jesus entschieden und sofort göttlichen Frieden erfahren, der bis zu heutigen Tag geblieben ist. Sein Geist hat meinem Geist gezeugt, dass ich nun sein Kind bin. Damals wurde ich von neuem geboren. So habe ich die Wiedergeburt im Geist erlebt. Im Januar 1988 hatte ich die Wassertaufe in der Pfingstgemeinde -Baden Wettingen. Mein Charakter hat sich Gott sei Dank in den vergangenen Jahrzehnten zum Besseren verändert. Sehr viel Ruhe. Gelassen heit und Zuversicht hat sich eingestellt. Mit den Geistesgaben arbeite ich seit bald 30 Jahren. Ich liebe das Reden des Heiligen Geistes sehr und bin ein aktiver Nachfolger Christi im Reich Gottes. Jeden Tag will ich mehr und mehr in den vorbereiteten Werken meines Herrn laufen. Dies ist mein Statement - Herr mehre mir den Glauben! Deine Stärke kommt in meiner Schwachheit zum Tragen! War das Zuviel oder wollen wir uns intensiver kennenlernen? Liebe Sharon, Dich und Dein spannendes Leben interessiert mich sehr. Bis bald, Ich freue mich sehr auf Deine weiteren lebendigen Zeilen. Es liebs Grüessli Andi

142* Scharon Du bist es mir wert 4

Lieber Andi: Mir ist jetzt sehr klar, dass Du verletzt sein musst!

Es tut mir leid, wenn ich Dich verletzt habe, das war überhaupt nicht meine Absicht! Verzeih mir bitte! Du hast Dich wie ein Kavalier benommen, nur ich bin nicht an so etwas gewohnt. Ehrlich gesagt, ich habe bis jetzt keinen richtigen Kavalier getroffen. Die meisten haben nur das von sich behauptet, aber sie waren es nicht! Also es tut mir wirklich leid! Sei gesegnet! Einen Lieben Gruss, Scharon

Liebe Scharon: Darf ich Dich immer noch kennenlernen, Du bist es mir auf jeden Fall Wert, um Dich zu werben. Es sei denn es wäre aussichtslos, oder Du würdest mir einen Korb geben! Deine Ehrlichkeit und Dein Verständnis, ehren mich sehr und tut mir wohl. Danke vielmals für Deine Anteilnahme, dies ist so freundlich und liebevoll von Dir. Ich kann Dich beruhigen, Du hast mich nicht verletzt, Du darfst Dich entspannen, Du bist gut, so wie Du bist Unser himmlischer Vater, hat an Dir, seiner geliebten Tochter grosse Freude. Liebe Scharon, ich vergebe Dir gerne, wenn es etwas zu vergeben gibt. Dein demütiges und barmherziges Herz spüre ich sehr. Möchtest Du mit mir in der nächsten Zeit über WhatsApp Video Phon? Kannst Du Dir dies vorstellen, oder ist es noch zu früh. Nur schon aus Deinen ausführlichen liebevollen Zeilen, kann ich bereits erkennen, was ich für einen wunderbaren Schatz vor mir habe. Ich meine dies sehr ernst. Du musst eine ganz feine Frau sein. Darf ich weiter auf Antwort von Dir hoffen?

Bis bald Es liebs Grüessli vom Andi

Hallo liebe Scharon: Du hast einen wunderschönen Namen. Selbst Plato sagte schon vor 1700 Jahren, überlasst die Namensgebung nicht dem Zufall. Wow, was Für ein Vorrecht, einen so wunderbaren und starken Namen zu tragen.

Stimmt das so für Dich? Ich hoffe Ja! Tschüss bis bald Andi

143* Scharon ein wunderschöner Name 5

Du bist der erste, der meinen Namen als etwas Besonderes betrachtet.

Als Kind habe ich meinen Namen auch schön empfunden, vor allem als ich erfuhr, dass eine Königin (Isabella von Kastilien) so hiess. Sie wurde die Ehefrau von Ferdinand von Aragonien. Später, als ich Christ wurde, erfuhr ich einiges über Isabel die schlimme Hexen-Königin aus der Bibel. Seitdem bin ich nicht mehr so begeistert über meinen Namen und denke, ich könnte einen schönen und positiven Namen haben! Gerne können wir auch per WhatsApp telefonieren. Video finde ich komisch.

Einmal können wir trotzdem auch per Video sprechen, damit Du siehst, dass Du mit mir zu tun hast, und ich nicht die Foto einer anderen Person als Profilfoto benütze.

Danke für die Foto-Nachhilfestunde. Ich werde versuchen klarzukommen. Ich habe ein Panasonic G70. Es ist eine Herausforderung für mich bis jetzt den Fotoapparat einzustellen. Wenn ich gewusst hätte, dass es so ein kompliziertes Apparat ist, hätte ich ihn nicht gekauft. Die 400 Seite langen Gebrauchsanweisung zu lesen und durchzustudieren ist überhaupt nicht motivierend für mich! Hast Du Facebook? (Du kannst mich als Mbiza finden). Du wolltest Fotos von mir. Ich schicke Dir jetzt ein Foto, allerdings, ist schon fast 9 Jahre alt, aber ich habe mich nicht sehr viel verändert. Mein Profilfoto ist aus 2017 Gott behüte Dich! Lieben Gruss Scharon

Liebe Scharon: Dein wunderbarer Name kann nichts dafür, bei einer so Gottlosen Frau gelandet zu sein. Denke nur an den Namen Adolf. Bedeutung: Edler Krieger, mutig wie ein Wolf. Es kommt immer auf den Menschen an, der Ihn trägt. Gefallen Dir Deine leicht bearbeiteten Fotos. Sie wurden mit dem Huawei P30 Plus verschönert. Liebe Sharon, Es ist wahr, Du bist wunderschön. Ermutigung; Psalm 23:4 Psalm 139, Psalm 103, Micha 2:13 sei gesegnet. Einen lieben Gruss Andi

144* Fotospass Spiel mit der Camara 6

Spiele weiter mit Deiner Camara und stelle auf Halbautomatik um (TV-Blendenautomatik), so kannst Du mit den Verschlusszeiten spielen.

Die 1. REGEL: EIN Bild besteht meistens aus 3 Ebenen. Hauptmotiv, Vordergrund und Hintergrund, so kann man auch die Tiefen Schärfe, mit der Zeit und der Blende steuern. Ein 60igstel oder 100ertstel am Tag mit Ca. 5.6 Blende sind so Normen. ISO an einem Sonnentag auf 100 bei Bewölkung 200 bis 400 ISO und am Abend draussen 800-1000 oder 1250 und in der Wohnung ISO400-800 und Blitzautomatik je nach Gefühl. Wenn es sehr sonnig ist, nimm im Minimum ein 250 zigstel. So verwackelst Du auch weniger!

Blitze bei Personen gegen die Sonne. Blitze wenn Menschen unter einem Dach stehen. Blitze bei Menschen mit Hut, Blitze bei Gesichtern im Schnee, weil dieser ein starkes Gegenlicht erzeugt. Blitze nie in eine Scheibe.

Schiesst Du Wasser wie Schnee, solltest Du ein 60igstel einstellen. Möchtest Du aber Wasser-Tropfen, Spritzer, oder klares Wasser schiessen, solltest Du 1500-2000endstel einstellen. Bei Sonnen Aufgang 2000endstel und höher, sonst hast Du nur ein ausgefülltes Lichtbild. Bei Feuerwerk nur ISO 100 einstellen, aber die Zeit ca. 3 Sekunden. Die Camara auf dem Stativ gegen nach oben gerichtet, mit 50 mm, Max 80mm aus gezoomt. Für die Auslösung ein Kabel oder ein Funkauslöser. So gelingt es Dir auch ein Schluss Smaily zu schiessen! Schneide knapp beim Po ab und lass den Menschen Raum aus dem Bild zu laufen. Sei Dir bewusst, bei einem Personen Foto, sollte die Person 2/3 (60-70%) Minimum des Bildes füllen. Bei einem Portraits mindestes 70-90% Vergiss nie 1mm über dem Kopf sind 1 cm bei Fotogrösse 10 cm. Bei den Füssen gilt dasselbe.

Ein drehbarer Polfilter wäre sehr empfehlenswert. Die Augen sind fähig feinen fast unsichtbaren Nebel wegzuwischen das Objektiv. kann das nicht. Mit einer 1/3-1/2 Drehung beim

Filter, wischt Du den Nebel weg, die Landschaft oder auch die Person wird klarer und brillanter. Der Polfilter ist nur für draussen konzipiert. Innen funktioniert er nicht. Dieses Hilfsmittel, hat noch eine witzige Zusatz Funktion. Fotografierst Du durch eine nicht durchsichtige oder leicht dunkle Scheibe, und drehst dabei den POL Filter, wird das Material, oder die Person sichtbar. Meistens kannst Du hier, ein scharfes Foto schiessen.

145* Liebe Scharon Heilung und Charakter 7

Liebe Scharon: Sujet finden und diese schiessen macht wirklich Spass. Ich beschäftige mich nicht nur mit Fotografie, Ich war nur einige Jahre Berufsfotograf. Mit eingebunden das Panflötenspiel. Heilung gehört uns oder mir. Du weisst ja bereits, Mit Seelsorge beschäftige ich mich schon viele Jahre. Ich arbeite mit der Heiligen Schrift. Auch mit Bücher von Derek Prince, Kenneth Hagin und Wolfhard Margies. Ich möchte jeden Tag getragen werden durch die Gnade Gottes und die Kraft seines Wortes. Dreimal durfte ich schon in den Himmel sehen und 3x bin ich schon auf dem Heimweg gewesen. Es war einfach noch nicht Zeit Ich glaube an Heilung und an Befreiung, aber ich glaube auch an jahrzehntelange Charakterprozesse, bis wir in unser himmlisches Zuhause ziehen. Ich möchte Tagtäglich, mehr so werden, wie Er mich gedacht hat und aus seiner Kraft heraus nur für heute in den von Ihm vorbereiteten Werken laufen. In Demut in Allem und für Alles dankbar sein und dadurch Ihm alle Ehre geben. Liebe Scharon, jetzt währest Du an der Reihe, Transparenz zu zeigen (Schmunzel) und aus Deinem spannendem Leben zu erzählen. Es interessiert mich natürlich auch sehr, wie es Dir wirklich geht. Es liebs Grüessli Andi

146* Frieden finden Matthäus 11:28-30

Durch seine Gnade sollst Du getragen werden. So wirst Du Stark im Alltag in der Macht seiner Stärke Dein Herz werde stark durch seine Gnade. Komm her zu mir da Du mühselig und beladen bist, so will Ich Dich erfrischen und wieder herstellen. Nimm auf Dich mein Joch und lerne von Mir den ich bin sanftmütig und von Herzen demütig So wirst Ruhe finden für Deine Seele; denn mein Joch ist sanft und meine Last ist leicht

147 Hoffnung und Geduld

Wenn wir aber auf das hoffen, was wir nicht sehen, so warten wir es ab in Geduld. Ebenso kommt aber auch der Geist unserer Schwachheit zu Hilfe. Denn wir wissen nicht, was wir beten sollen, wie sich's gebührt; aber der Geist selbst tritt für uns ein mit unausgesprochenen Seufzern. Der aber die Herzenerforscht, weiß, was des Geistes Sinn ist; denn er vertritt die Heiligen so, wie es Gott angemessen ist. Römer 8:25-27 SCH51

148* Angst ist nicht in der Liebe

Ein junger Mann: Wenn ich die Angst verstehe, muss ich vor nichts im Leben mehr Angst haben.

Ich muss die Angst nicht verstehen. Gottes vollkommene Liebe treibt jede Furcht oder Angst aus. Furcht ist das Gegenteil von Liebe. Wirst Du lieblos behandelt wird Ablehnung in Dein Leben treten. Aus Ablehnung ohne heilende Liebe und Vergebung, entsteht Hass auf dich selbst und auf die ganze Welt.

Ein Einwand: Einen Teufel gibt es nicht! Das personifizierte Böse wird so genannt.

Diese grosse Lüge auf dieser WELT sagt uns; Der Teufel oder der Satan existiert nicht?!! Aber Gott sei Dank gibt es einen wunderbaren Gott, Er interessiert sich sehr für Dich! Gibt es also das vollkommen GUTE. muss es auch das vollkommene und personifizierte Böse geben. Ich garantiere Dir den Teufel, der Diabolos, oder Lucifer der Engel des Lichts und schluss-endlich der Vater der Lüge überhaupt gibt es wirklich. Er ist so real wie das Mobilphone in deiner Hand oder Facebook, selbst wenn Du schläfst

Gott liebt Dich sehr und ER hat einen wunderbaren Plan für Dein Leben.

Wenn Du mir das glauben kannst, bist Du schon einen grossen Schritt nähergekommen.

149* Läuterung nach dem Tod wird es nicht geben

Hallo lieber Fragender: Unsere Entscheidungen und unser Leben haben Konsequenzen. Hat es Dich je interessiert, Gott zu suchen oder in deinem Alltag nach Ihm zu fragen. Ein weiser Mann sagte einmal es ist 50% zu 50% Ich entscheide mich nicht und ich kann alles verlieren. ich entscheide mich und ich kann alles gewinnen. Gott will Dir nicht mit der Hölle drohen, Er hat mit dir und deinem Leben etwas anderes vor. Willst du mit Ihm Leben und seinen Willen erfüllen. Lebst Du für dich und willst Du Deinen Wünschen nachjagen und deinen Willen erfüllen

1.) Wir Gläubigen, werden im Himmel im neuen Jerusalem mit unserem König Leben.

2.) Nach dem Gericht, der Menschen, die Jesus, nicht angenommen haben (ausgenommen Babys usw.) gibt es keine Läuterung. Jesus wird es das Herz brechen, diese unerretteten Menschen mit dem Teufel, den Antichristen und dem Tod in die Ewige Verdammnis, in die Hölle werfen müssen. Keines Ihrer Bedürfnisse wird erfüllt werden. Siehe im neuen Testament. Der Reiche und Lazarus am Wegrand.

3.) Drei Arten Menschen werden wir im Himmel sehen.

a.) Die Erretteten Kinder Gottes, Babys und Kleinkinder Joh. 1.12 JOH. 3.16

b.) JEDER Mensch, der erkennt, anhand der Schöpfung, dass hier ein Schöpfer am Werk war, Ihn angebetet hat und Ihm alle Ehre gab.

c.) Andere Menschen, (Animisten) werden nach Ihren Taten gerichtet.

Ich hoffe Dies hilft euch

Ich betone nochmals: Nirgends in der Heiligen Schrift steht geschrieben: Menschen werden GELÄUTERT und Leben nachher, ausserhalb der Mauern, vom neuen Jerusalem.

Jesus sagt zum Beispiel: Wenn ich wiederkomme, wird einer auf dem Feld weggenommen, der andere bleibt.

Ein Ehepaar schläft, der eine, wird weggenommen, der andere bleibt zurück.

Im Schneesturm

Es war einmal ein Mann, der weder an die Jungfrauengeburt Christi noch an die geistliche Bedeutung dahinter glaubte und sogar skeptisch in Bezug auf Gott selbst war. Er und seine Familie lebten in einem kleinen Ort, der überwiegend aus Bauern bestand. Seine Frau war eine hingegebene gläubige Christin und erzog ihre Kinder eifrig im Glauben. Manchmal machte er es ihr schwer und spottete über ihre religiösen Überzeugungen.

Er spottete: Das ist doch alles Unsinn, warum sollte Gott sich erniedrigen und ein Mensch werden wie wir? Das ist so eine lächerliche Geschichte

Eines verschneiten Tages waren seine Frau und die Kinder in den Gottesdienst gegangen und er war allein zu Hause geblieben. Nachdem sie fort waren, wurde der Wind stärker und der Schnee verwandelte sich in einen ausgewachsenen Schneesturm. Er setzte sich vor den Kamin und entspannte sich. Kurze Zeit später hörte er ein lautes Geräusch, als sei irgendetwas gegen das Fenster geschlagen. Kurz darauf einen weiteren dumpfen Schlag. Er sah nach draußen, konnte jedoch nichts sehen. Also ging er hinaus, um eine bessere Sicht zu haben. Auf dem Feld nahe seinem Haus sah er zu seinem Erstaunen eine Herde Gänse. Sie waren offenbar auf dem Flug, um weiter im Süden nach einer wärmeren Gegend Ausschau zu halten, jedoch von dem Schneesturm überrascht worden. Der Sturm war so gewaltig geworden, dass diese Gänse den Weg nicht mehr sehen konnten. So waren sie nun auf diesem Hof gestrandet, ohne Futter oder Unterschlupf, unfähig, mehr zu tun als aufgeregt mit den Flügeln zu schlagen und ziellos im Kreis zu fliegen. Er hatte Mitleid mit ihnen und wollte ihnen helfen. Er dachte, die Scheune sei sicher der beste Unterschlupf für die Tiere. Sie war warm und sicher. Die Gänse konnten die Nacht dort verbringen und warten, bis der Sturm vorbei war. Also öffnete er die Scheunentore für sie.

Er wartete, beobachtete sie und hoffte, sie würden die offenen Scheunentore bemerken und hinein gehen. Doch sie beachteten die Scheunentore nicht oder erkannten nicht, was die geöffneten Tore für sie bedeuteten. Er ging näher zu ihnen, um ihre Aufmerksamkeit zu erregen, doch sie flüchteten nur aus Angst vor ihm. Er ging ins Haus und kam mit etwas Brot zurück, brach es und legte eine Brot spur zur Scheune. Sie begriffen es immer noch nicht. Er wurde langsam frustriert, ging noch einmal zu ihnen hinüber und versuchte, sie in die Scheune zu scheuchen. Sie gerieten in Panik und zerstoben in alle Richtungen mit Ausnahme der Richtung der Scheune. Nichts konnte sie dazu bringen, in die Scheune zu gehen, wo Wärme, Sicherheit und Schutz auf sie warteten. Völlig frustriert rief der Bauer aus: „Warum folgen sie mir denn nicht? Können sie denn nicht sehen, dass das der einzige Platz ist, an dem sie diesen Sturm überleben können? Wie kann ich sie denn nur an diesen Ort bringen, «um sie zu retten?»

Er dachte für einen Moment nach und erkannte, dass sie einfach keinem Menschen folgen würden. Er sagte sich: „Wie kann ich sie nur retten? Die einzige Möglichkeit wäre wohl, wenn ich selbst werden könnte wie diese Gänse. Wenn ich doch nur wie eine von ihnen werden könnte! Dann würden sie mir folgen und ich könnte sie in die Sicherheit führen."

In diesem Augenblick hielt er plötzlich inne und dachte darüber nach, was er gesagt hatte. Die Worte hallten in seinem Kopf wider: Wenn ich doch nur wie eine von ihnen werden könnte, dann könnte ich sie retten Plötzlich verstand er Gottes Herz für die Menschheit und fiel im Schnee auf seine Knie.

„Denn so sehr hat Gott die Welt geliebt, dass er seinen eingeborenen Sohn hingab, dass wer auch immer an ihn glauben würde, nicht verloren gehe, sondern ewiges Leben habe. Denn Gott hat seinen Sohn nicht in die Welt gesandt, um sie zu verdammen, sondern damit die Welt durch ihn erlöst werden möge." (Johannes 3:16-17)

151* Gnade und Gerechtigkeit

Denn wenn infolge des Sündenfalles des einen der Tod zur Herrschaft kam durch den einen, wieviel mehr werden die, welche den Überfluss der Gnade und der Gabe der Gerechtigkeit empfangen, im Leben herrschen durch den Einen, Jesus Christus! Also: wie der Sündenfall des einen zur Verurteilung aller Menschen führte, so führt auch das gerechte Tun des Einen alle Menschen zur leben bringenden Rechtfertigung. Denn gleichwie durch den Ungehorsam des einen Menschen die vielen zu Sündern gemacht worden sind, so werden auch durch den Gehorsam des Einen die vielen zu Gerechten gemacht. Das Gesetz aber ist daneben hereingekommen, damit das Maß der Sünden voll würde. Wo aber das Maß der Sünde voll geworden ist, da ist die Gnade überfließend geworden, auf dass, gleichwie die Sünde geherrscht hat im Tode, also auch die Gnade herrsche durch Gerechtigkeit zu ewigem Leben, durch Jesus Christus, unsren Herrn. Römer 5:17-21 SCH51

Und das ist die Botschaft, die wir von ihm gehört haben und euch verkündigen, dass Gott Licht ist und in ihm gar keine Finsternis ist. Wenn wir sagen, dass wir Gemeinschaft mit ihm haben, und doch in der Finsternis wandeln, so lügen wir und tun nicht die Wahrheit; wenn wir aber im Lichte wandeln, wie er im Lichte ist, so haben wir Gemeinschaft miteinander, und das Blut Jesu Christi, seines Sohnes, reinigt uns von aller Sünde. Wenn wir sagen, wir haben keine Sünde, so verführen wir uns selbst, und die Wahrheit ist nicht in uns; wenn wir aber unsere Sünden bekennen, so ist er treu und gerecht, daß er uns die Sünden vergibt und uns reinigt von aller Ungerechtigkeit. Wenn wir sagen, wir haben nicht gesündigt, so machen wir ihn zum Lügner, und sein Wort ist nicht in uns.1. Johannes 1:5-10 SCH51

153* Jeder hat gesündigt Römer 3. 23

Lieber Bruder, deshalb hast Du schon gesündigt, weil Du in Deinem Stolz glaubst, Du wirst nicht sündigen.

2. Weil Adam und Eva als erste Menschen gesündigt haben, haben alle Menschen gesündigt.

Die Bibel sagt, wer sagt er ist ohne Sünde ist nicht in der Wahrheit. Jesus sagt zu Dir: In der Offenbarung 3:20 darfst du lesen: Ich stehe vor der Tür und klopfe an. Wer mir auftut, zu dem werde ich hineingehen, das Mahl halten und mit Ihm das Leben teilen. Also entscheide Dich noch heute für Jesus Christus und fange als ein geliebtes Kind Gottes ein neues Leben an. Johannes 3:16 Johannes 1:12 Johannes 14.6 und Johannes 10, 2-5

Ich will Glauben hilf meinem Unglauben! Liebe Scharon; Geliebte Tochter des Allerhöchsten. Das Wichtigste zuerst! Du hast Dich entschieden und somit bist Du sein Kind.(Johannes 1:12, 316 und 14:6) Du bist Seine geliebte Tochter, an der ER seine grosse Freude hat. Es geht nicht um Deine guten oder schlechten Gefühle, sondern um deine Entscheidungen, die Du täglich treffen wirst. Vielen Dank für Dein grosses Vor- schuss Vertrauen. Ich bin auch nur ein Mensch der viel Gnade und Offenbarung in den letzten 30 Jahren bekommen hat. Umsonst haben wir bekommen. umsonst gebt es weiter Amen!

Zu Deinem Gespräch mit diesem älteren Menschen. Wir haben auch hier geistliche Schlüssel bekommen. Hörbar bindest Du jetzt dieses Gespräch und auch jeden Unglauben und Zweifel denn was Du auf der Erde bindest, ist auch im Himmel gebunden. Was Du löst auf Erden ist auch gelöst im Himmel. Darum löst Du Dich nachher von Diesem Paket und mit Deinem Senfkorn Glauben an Deinen grossen Gott. ER meint es immer nur gut mit Dir. ER hat Alles was Du brauchst, schon für dich vorbereitet. So läufst Du mit neuem Elan wieder fröhlich Deine Strasse entlang. Lese und studiere das Wort Gottes Dazu lese oder höre per Bibelapp jetzt über Monate das Neue Testament schaue auch ganz genau Jesaja 55. 1-3 an. Ich hoffe ich konnte Dir helfen. Sei ermutigt mit Römer 8:28 und Josua 1:9 Liebe Scharon, sei gesegnet Du wunderschöne und junge Frau bis bald! Es Liebs Grüessli Andi

Ps. Stark werden am Inwendigen Menschen, ist ein Jahrzehnte langer Prozess. Dein Herz sollte fest werden durch seine

Gnade. Wir werden geprüft und geformt! Komme zur Ruhe in Ihm. Lass Dir Zeit und habe auch viel Geduld mit Dir selbst.

155* Jesus litt nicht so viel 1

Ich habe mich als Vierzehnjähriger bekehrt und versuche, nicht zu sündigen. Das gelingt mir gut. Allerdings werde ich niemals verstehen, wie das mit "liebe deine Feinde" funktionieren soll.

Deshalb hast Du schon gesündigt weil Du irrtümlicherweise annimmst, das Sündigen lassen zu können Weil Adam und Eva als erste Menschen gesündigt haben, haben alle Menschen gesündigt. Die Bibel sagt, wer sagt er ist ohne Sünde ist nicht in der Wahrheit. Jesus sagt zu Dir: Ich stehe vor der Tür und klopfe an. Wer mir auftut, zu dem werde ich hineingehen, das Mahl halten und mit Ihm das Leben teilen. Also entscheide Dich noch heute für Jesus Christus und fange als ein geliebtes Kind Gottes ein neues Leben an. Johannes 3.16 Johannes 1.12 und Johannes10, 2-5 Es ist nicht einfach Deine Feinde zu lieben. aber machbar, wenn du Jesus inständig darum bittest. Und es im Glauben annimmst. Es ist eine Entscheidung, die du jeden Tag neu treffen kannst Es ist keine Schande zu scheitern.

Lieber Bruder, Ich glaube Du hast die Heils Botschaft, nur zum Teil verstanden. Paulus sagt im Römer, die Dinge, die ich tun sollte, tue ich nicht, aber die ich lassen sollte, um (Jesu Willen) tue ich. Die Lust in mir möchte die Sünde zum Ende bringen und leider geben wir auch dem Teufel, immer wieder Raum. Er geht umher wie ein Löwe und versucht die zu verschlingen, die es zulassen. Jesus hat am Kreuz unsere Strafe und Sünde, Von Gestern, Heute und Morgen getragen und das getrennt sein von Unserem himmlischen Vaters. Er als Zweiter aber vollkommener Adam - und reines Opfer Lamm ist er unschuldig für uns gequält, gefoltert und am Kreuz geschlachtet worden. NIEMAND hat Wie unser Messias je so gelitten. Gott sein Vater, musste sich am Ende, seines Todeskampfes, von Ihm Abwenden Unser heilige, heilige, heilige Gott hat mit der Sünde, Nichts zu schaffen hat. Jesus sagte am Kreuz: Vater, warum hast Du mich verlassen? Gegen den Schluss, Herr vergib Ihnen, denn Sie wissen nicht was Sie tun. Bevor Jesus sein Leben aushauchte, rief er noch: Es ist vollbracht. Einen Moment später hauchte ER: in Deine Hände befehle ich meinen Geist. Einer sagte untenstehend vor dem Kreuz: Seht das Lamm Gottes, das Der Welt Sünde trägt .Für das getrennt von Gott sein (unsere Erbsünde) und die Sünden der ganzen Welt, bereits vor über 2000 Jahren getragen. Du magst bekehrt sein , aber hast Du die Wiedergeburt (Johannes 3) durch den Geist Gottes erlebt? Lebst Du im Geist, und erfüllst Die Werke des Fleisches nicht mehr?

Auch nach meinen 34 Jahren als Ein Sohn und Jünger vom Allerhöchsten falle ich immer wieder, Das Kreuz in der Mitte, nehme Ich Vergebung in Anspruch, vergebe mir selbst, und dem Anderen, stehe auf, richte Meine Krone und ziehe wieder fröhlich meine Strasse entlang.

156* Jesus litt nicht so viel 2

Was steht im Vaterunser. Und vergib uns unsere Schuld, wie auch Wir Vergeben unseren Schuldigern! 1.Johannes 1,8 Wenn wir sagen, wir haben keine Sünde, betrügen wir uns selbst, und die Wahrheit ist nicht in uns. 1. Johannes 1:9 sagt: Wenn wir unsere Sünden bekennen, so ist Er treu und gerecht und vergibt (7x70) uns immer wieder gern. Erst im Himmel wirst Du vollkommen im Geist Leben, dass Du nicht mehr sündigen kannst und wirst. Ich weiss nicht was Du erlebt hast. Du hast recht, es ist nicht angenehm und heftig, wenn man jemanden, das Leben lang Schmerzen haben sieht! Ich verstehe dies sehr gut. Meine Familie erlebt, dies seit 18 Jahren bei mir Ich werde es nur kurz schildern;

2003 hatte ich einen 3-fachen Krebs (PNET) in der Blase - Lunge und in den Knochen. 60 TAGE schwerste Pflanzen Nervengift Chemo innert 300 Tagen. Seit damals habe ich eine künstliche Blase aus Teil meines Dünndarms und ziehe Windel Einlagen an. Da mir der Schliessmuskel fehlt.

Ich spüre meine Füsse noch zu 35% Täglich lebe ich mit so starken Schmerzen in den Fussnerven dass ich, um Diese zu reduzieren, regelmässig, Nerven Medikamente nehmen muss. Die anderen Schmerz Medis, nehme ich durch den ganzen Tag. Zum Schluss; Als ich damals ins Spital musste, war meine jüngste Tochter 2 Monate alt. Weltweit bin ich immer noch einer der wenigen lebenden krebsfreien Patient, mit diesem Krankheitsbild.

Halleluja trotz allen Umständen und Nebenwirkungen lebe ich ein erfülltes Leben. Seit über 20 Jahren bin ich in der Seelsorge tätig und habe gelernt mich von der Gnade Gottes tragen zu lassen. Ich hätte allen Grund bitter und auch eine Wurzel der Bitterkeit in mir zu tragen. Krankheit, Not, Schmerzen und Tod, sind die Folgen des Sündenfalles, unseres Urvater Adam. Ich glaube an Heilung und habe dies und andere Zeichen und Wunder schon oft erlebt. Aber unserem Vater im Himmel ist es sehr wichtig das unserer Charakter Ihm und seinem Wort, unserer Richtschnur angepasst werden. Es ist wichtig, dass ich stark werde, am Inwendigen Menschen und ein festes Herz, durch seine Gnade. bekomme Ich könnte noch viel mehr ausholen, aber dieses reichhaltige Menü, sollte für Deine nächsten wichtigen Prozesse ausreichend sein. Es sei denn, es widerstrebt Dir, Jesus ähnlicher zu werden und dich von Ihm verändern zu lassen

157* Single Scharon

Hallo Scharon, Du Junggebliebene Frau, Die den Tag geniesst und alles pflückt, was mit der Gnade und Kraft unseres himmlischen Vaters möglich ist Vieles, kannst Du aus meinem Interview lesen. Nach knapp 22 jähriger Ehe, wurde ich am 7. 2. 2020 geschieden. Mit meinen 3 Kindern, David 20, Sarah 18 und Kim 16, habe ich eine liebevolle und starke Beziehung. In einer wunderschönen 41/2 Z. Altbauwohnung auf dem Lande, darf ich leben. Ich kann mir gut vorstellen, auch Du lebst angenehm und schön. Bis vor 17 Jahren hatte ich ein eigenes Portraits-Studio und betätigte mich als Hochzeit- Fotograf. Dazu baute ich Panflöten aus Kunststoff und spielte Sie professionell. Ab 97 habe ich immer mehr meine Freizeit - Beschäftigungen, zum Beruf ausgebaut. 2003 wurde ich Nierenkrank und seit 2. Mai 18 war ich 3x in der Woche in der (Dialyse) Blutwäsche. Ich hoffe Du kannst mit meinem Krankheitsbild umgehen. Es würde unseren Beziehungs Alltag auch beeinflussen.

Finanziell habe ich ein gutes Auskommen. Mit grosser Leidenschaft koche ich sehr gerne, für 2 und mehr Personen. Vielleicht geniessen wir diese Freude bald zusammen. Liebe Geniesserin; In welcher Zeitschrift und Fachrichtung führst Du die Redaktion, oder leitest Du das Ganze? Vielleicht können wir zwei Hübschen uns bald per Video Phone, über WhatsApp sehen und hören. Was meinst Du dazu? Du scheinst eine wunderbare und reife Persönlichkeit zu sein. Jesus unseren Retter, Herrn, Freund und König, hast Du vor ein paar Jahren in Deinem Leben willkommen geheissen. So schön, das macht Dich erst recht attraktiv für mich. Bis bald.) Einen Lieben Gruss Vom Andi.

158* Scharon eine erstaunliche Frau

Hallo Liebe Scharon, eine spezielle, wunderbare und junggebliebene Frau, Mädel, scheinst Du zu sein. Diese Handschuh Herausforderung, würde ich sehr gerne annehmen. Dein verschmitztes Lächeln, Dein starkes Frau sein, und weibliches Auftreten, führt mich nur zu einer Frage: Darf ich Dich näher kennen-lernen? Es wäre mir eine grosse Ehre. So wie es auch Dein Vorschuss Vertrauen, mit Deiner Ehrlichkeit und Transparenz ist. Etwas Wichtiges, habe ich noch vergessen: Dein Interview (Dein Leben) liest sich spannender als ein Liebes Roman oder einen Thriller, Deine fantastische Ausdrucksweise, kommt mit Deinem Schreiben zum Tragen. Meine Augen konnte ich nicht von Deinen liebevollen und starken Zeilen lassen. Bis zum Ende und schade wie geht es weiter? Liebe Sharon, ganzem Herzen bitte ich Dich, schreibe ein Buch über Dein spannendes Leben. Im Ernst, ich werde gerne das Erste Buch kaufen und von Dir wertschätzend und geniessend signieren lassen. WoW, das wäre doch was, was meinst Du dazu? Bist Du ermutigt? Es kommt von Herzen. Diesen Eindruck musste ich Dir unbedingt weitergeben. Ich hoffe Du bist nicht über- fordert. Vielleicht möchtest Du mich auch lieber hören über WhatsApp-Video Phones. und dich mit mir unterhalten Bitte Denke darüber nach. Bis bald. Es Liebs Grüessli

159*Hörst Du seine Stimme ?

Zu welcher Herde gehörst Du?

Vor einigen Jahren machte die Geschichte einer Schafherde Schlagzeilen. Die Polizei von Köln berichtete damals über diesen aussergewöhnlichen Fall. Ein Hirte meldete der Polizei den Diebstahl seiner Herde von 105 Schafen. Einige Tage später lud die Polizei diesen Hirten ein, an den Kölner Güterbahnhof zu kommen, weil dort eine riesige Schafherde von über 5000 Schafen auf den Abtransport in die Türkei warteten. Die Polizisten erhofften sich, dass der Hirte vielleicht auf irgendeine Art und Weise einige seiner gestohlenen Schafe in der riesigen Herde wiederfinden würde. Der bestohlene Hirte rief seine Schafe und diese erkannten die Stimme ihres Hirten. Nach und nach lösten sich Schafe aus der grossen Menge und trotteten zum Hirten. Als man etwas später nachzählte waren es exakt 105 Schafe! Eine wunderbare und wahre Geschichte.

Was hat das mit uns und explizit mit unserer momentanen Situation zu tun? Nun, die grosse Herde mit über 5000 Schafen steht für uns Menschen. Wir können damit die ganze Menschheit darstellen, oder auch nur einzelne Nationen, Völker, wie z. B. die Schweiz. Es ist nicht besonders schwer eine grosse Herde mit Schafen dazu zu bringen, einem falschen Hirten zu folgen. Diese falschen Hirten, damit meine ich unsere Regierung, führen die grosse Herde, also den Grossteil der Bevölkerung nicht nur in die Irre, sondern ins Schlachthaus. Wie um alles in der Welt kommen wir auf den Gedanken «Sie machen es doch gut. Sie wollen nur unser Bestes»? Diese «Hirten» sind genauso wie die ihnen folgende «grosse Herde» gottlose Menschen bzw. Schafe. Losgelöst, getrennt von Gott. Und wir glauben tatsächlich, dass sie unser Bestes wollen?

Diese Hirten legalisieren tausendfach, per Gesetz die Ermordung von Kindern im Mutterleib.

Diese Hirten legalisieren und fördern per Gesetz die «Ehe» zwischen Gleichgeschlechtlichen.

Diese Hirten fördern die Zerstörung göttlicher und damit gesunder Familienstrukturen

Es gibt eine Begebenheit, die Jesus uns in der Bibel berichtet, die hier hineinpasst. Jesus hatte seinen Jüngern erzählt, dass er nach Jerusalem gehen würde um dort gefangen genommen zu werden, misshandelt und zum Tode verurteilt zu werden. Letztendlich um, an unserer statt, am Kreuz zu sterben. Petrus, einer seiner engsten Vertrauten, trat daraufhin vehement dazwischen und wollte Jesus davon abhalten bzw. das unbedingt verhindern. Er meinte es doch scheinbar nur gut (wie unsere Regierung)! Die Reaktion von Jesus war harsch und sicher schockierend für Petrus und alle anderen. Jesus aber wandte sich um und sprach zu Petrus: «Geh hinter mich, Satan! Du bist mir ein Ärgernis, denn du sinnst nicht auf das, was Gottes, sondern auf das, was der Menschen ist. Zu lesen in Matthäus16.23

Unsere Hirten (Regierung) sinnen ganz grundsätzlich und generell nicht auf das was Gott will, genauso wie die grosse Herde (die Masse des Volkes). Die blinden Hirten führen eine blinde Herde. Jesus sagt u. a. von sich selbst, dass Er der gute Hirte sei und dass seine Schafe seine Stimme kennen und darauf hören. Auch wenn wir nur eine kleine Herde sind, wie Jesus es sagt und im Beispiel oben zu sehen, so kennen wir den guten Hirten und folgen Ihm nach!

Die Art und Weise wie seit über einem Jahr Personen mit einer anderen Meinung von der Regierung und dem BAG mit einhelliger Unterstützung der Medien entweder lächerlich gemacht, als Lügner abgestempelt, verunglimpft oder als Verschwörer hingestellt werden, ist beschämend und widerwärtig. Die vielgepriesene Meinungsfreiheit wird schon lange mit Füssen getreten und existiert nur noch auf dem Papier. Aber sie meinen es doch nur gut? Deshalb gehört natürlich ein NEIN zum Covid Gesetz in die Urne! Und unsere Gebete, dass sie sich Gott zuwenden!

160* Enttäuschung - Selbsttäuschung

Viele Menschen wenden sich von Jesus Christus ab, weil Sie schlechte Erfahrungen mit religiösen Menschen gemacht haben.

Wir dürfen Sie daran erinnern, auch Jesus hatte schlechte Erfahrungen mit den religiösen Menschen gemacht. Sie haben Ihn kreuzigen lassen. Wir haben Ihn alle gekreuzigt. Menschen enttäuschen Menschen. Jesus Christus enttäuscht nie! Er kann aber sehr gut nachempfinden Er kann Dir helfen Sein Arm ist lang genug. Ich lerne vergeben und loslassen!

161* Ewigkeit wo verbringst Du Sie 1

Eine Ewigkeit nach dem Tod, wirst Du verbringen. Du entscheidest welche.

Du wirst geliebt von Jesus Christus, der für Deine Verfehlungen am Kreuz gestorben ist: Entscheidest Du Dich für ein Leben mit Ihm, wirst Du nicht in Deinen Sünden sterben, sondern nachher ewig im Himmel Leben. Lebst Du aber Dein eigenes Gott fernes Leben weiter, wirst Du in Deinen Sünden sterben und Dein ewiges Leben, in der Hölle und in ewiger Finsternis verbringen. DU hast die Wahl. Johannes 1:12 und Johannes 3:16 und Römer Kapitel 5-8. lese diese Bibel Texte und fange ein neues Leben an. Ich erkläre Dir etwas: weisst Du was die grösste Lüge auf der Welt ist? Es gäbe den Teufel nicht. Also wenn es den Teufel nicht gibt, gibt es Gott auch nicht, oder vielleicht doch?! Bitte denke darüber nach God bless You!

162*Welche Ewigkeit oder vom Saulus zum Paulus 2

Gott SEI Dank verkündige ich und bald 2 Milliarden wiedergeborenen Kinder Gottes die frohe Botschaft weil Jesus Dich zuerst geliebt hat. Entscheide Dich noch heute für Ihn. Gottes Güte allein wird Dich zur Umkehr bewegen. Lies mal Römer 3.23 Oder Johannes 1:12, Johannes 10, Jesaja 61, Gute Nachricht des gekreuzigten Heiland. ER IST auferstanden Auf den Wolken zum Himmel gefahren und so wird er als König zurückkehren. Jedes Knie wird sich beugen und jede Zunge, wird bekennen. dass er GOTT. Sie und alle anderen, die dies nicht glauben wollen, es ist dennoch wahr. Es geht hier nicht um Angstmacherei, Ich entscheide, ob ich in meinen Sünden sterben möchte oder Rettung, durch Jesus Christus in Anspruch nehmen will. Entschieden habe ich mich und freue mich auf den Himmel. Meine Ewigkeit WERDE ich dort verbringen. Lieber Kritiker, wo werden Sie Ihre Ewigkeit verbringen?!

Die grösste Lüge ist , die auf dieser Welt kursiert; Den Teufel gibt es nicht, also gibt es Gott auch nicht und ich kann Leben als wäre ich selbst Gott. Aber was ist, wenn es GOTT wirklich gibt. Was ist, wenn Alles wahr ist, das in der Bibel steht. Weiter, wenn alle die Zeugnisse von Zeichen und Wunder auf you Tube und schriftlich, wirklich alle, der Wahrheit entsprechen. Was dann; wird Gottes Güte, Sie zur Umkehr bewegen, oder hätten Sie aus Menschenfurcht einen Ruf zu verlieren, wenn Sie richtig umkehren würden und endlich ein wahrer Jünger Christi werden. Vielleicht werden sie wie Saulus zu Paulus. Jesus ruft Ihnen zu: Lieber Mensch, warum verfolgt Du mich schon so LANGE? Und Paulus wurde blind und erst nach 3 Tage konnte er wieder sehen. Hiob sagte am Schluss seiner Leidenszeit: Bisher habe ich nur vom Hörensagen, von Dir vernommen, aber jetzt hat mein Auge Dich gesehen! WoW Lieber Mensch, weil Jesus Sie zuerst geliebt hat, bitte ich Sie, entscheiden Sie sich noch heute für Jesus Christus, IHREN Retter, Fürsprecher, Freund und König. Morgen könnte es zu spät sein! NOCH EIN paar wichtige Bibelstellen dazu. Jesaja 55. 1-5, Apostelgeschichte 2 ! Unser Gott wird unveränderlich immer Derselbe sein, Gestern, Heute und bis alle EWIGKEIT!

163* Ihn meinen Gott (Christus) tiefer erleben

Mit Ihm fortwährend im Gespräch zu bleiben und Ihm intensiv zuhören, macht Ihn für mich nur erfahrbarer. In mir wird es still und ich erkenne Ihn meinen Gott. Wie gross bist Du! Wie wunderschön bist Du! Ich liebe Dich! Amen

164* Zeichen und Wunder 1

Eine Schwester hatte im Dezember eine schwere Virusinfektion mit Bakterien- und Pilzbefall in der Lunge. Sie lag wochenlang im Koma. Am 31. Dezember begann ein multiples Organversagen, das in einem kompletten

Kreislaufzusammenbruch gipfelte. Ohne die Maschinen, an denen sie eh schon hing, wäre sie gestorben. Die Ärzte rieten ihrer Familie, über ein Abschalten der Maschinen nachzudenken, da es keine Hoffnung auf Heilung mehr gebe. So wollte sich die Familie am ersten Samstag des neuen Jahres treffen, um zu entscheiden, was sie tun sollen. Wir alle beteten und flehten zum Herrn. In der Nacht vor dem Entscheidungstag begannen „wie aus dem Nichts" ihre Vitalwerte wieder zu steigen, die Lunge, die laut Arzt irreparable Schäden hatte, begann wieder zu arbeiten, der Darm, die Nieren, die ebenso tot waren, auch. Innerhalb von wenigen Tagen konnte die Beatmung reduziert und das Tracheostoma entfernt werden. Sie wachte langsam wieder auf und machte teilweise innerhalb von Stunden und wenigen Tagen Fortschritte, für die andere Komapatienten Wochen und Monate brauchen. Die Ärzte und Pfleger der Intensivstation waren völlig fassungslos, weil sie so etwas noch nicht erlebt haben. Der Oberarzt sagte, er könne das medizinisch nicht erklären, es sei schlicht ein Wunder. Diese Aussage hat umso mehr Gewicht, als dass das eine spezielle Intensivstation für Komapatienten ist.

Heute, nur 2 Monate nachdem sie eigentlich gestorben war, ist Sabine wieder zuhause und hat heute ihren 60. Geburtstag feiern können. Sie braucht keine Beatmung, nicht einmal Sauerstoffunterstützung, mehr, der Darm und die Nieren arbeiten wieder völlig normal und sie freut sich ihres Lebens. Auch das Gehirn hat trotz des teilweisen Sauerstoffmangels keinerlei Schäden, sie ist völlig klar im Kopf und hat auch ihren schönen ironischen Humor nicht verloren. Natürlich ist sie noch recht schwach und schnell erschöpft, aber es wird Stück für Stück besser. Es ist einfach ein Wunder! Allen Lob und Ehre unserem großen Herrn Jesus Christus!

165* Zeichen und Wunder 2

Ich durfte auch schon so viele Wunder erleben, ich bin mal über eine Straße gegangen, ohne nach rechts und links zu schauen, völlig abwesend, auf einmal konnte ich nicht mehr weiterlaufen, eine ganz starke Macht brachte mich zum Stehen, eine Autobus fuhr an mir vorbei und berührte mich fast. Gott ist so gut Halleluja Amen

Ein anderes Mal stand ich an der Ampel und es wurde gelb und rot, für die Autofahrer , ich hörte ein Auto anrasen, "ich hatte inzwischen grün, Ich konnte nicht gehen und stand still wie eine Salzsäule. Preis sei Gott Amen.

Jeden Tag erleben wir Wunder! Am Morgen erwache ich nach dem Schlafen und atme immer noch. "Das erste Wunder!" Jesus mein König ich danke dir, und bete dich an. Amen

166* Zeichen und Wunder 3

Ein Mann erzählte: Ich saß in einem abstürzendem Flugzeug und mich plagte wahnsinnige Angst und ich habe nach Jesus geschrien. Ich ahnte, dass er der Einzige war, der jetzt noch helfen konnte. Sofort überkam mich ein tiefer Frieden und siehe da, der Pilot bekam die Kontrolle wieder über das Flugzeug Wir landeten. sehr heftig, aber Gott sei Dank kam niemand zu Schaden. Durch dieses lebensbedrohende Erlebnis habe ich zu Christus gefunden und werde Ihn nie wieder loslassen! Wie gross ist unser Gott! Amen

167* Zeichen und Wunder 4

Die Totenauferweckung! Die hier beschriebenen Wunder genügen Dir nicht? Was ist denn ein „echtes Wunder"? Ich sage es Dir: Die Bekehrung, die Umkehr eines Menschen zu Gott ist ein echtes Wunder, das größte Wunder überhaupt, das es gibt. Das Abwenden von Deinem alten Leben. Denn es ist eine Totenerweckung. Ein Mensch, der tot in seinen Sünden war, kommt zum Leben. Da ist selbst ein nachgewachsener Finger nichts dagegen. Komm zu Jesus! Lass dich rufen Er freut sich und wartet schon seit geraumer Zeit auf Dich. Lerne Ihn kennen und verbringe Dein Leben mit Ihm. Verliere keine Zeit Heute ist der Tag für Deine Entscheidung!

168* Siehe ich mache alles Neu

Hallo liebe Scharon, Hier bin ich! Es folgen verschiedene Bibel Stellen: 2. Korinther 5:17 Darum, ist jemand in Christus, so ist er eine neue Kreatur; das Alte ist vergangen, siehe, es ist alles neu geworden! Römer 6:4 So sind wir ja mit ihm begraben durch die Taufe in den Tod, auf daß, gleich wie Christus auferweckt wurde von den Toten durch die Herrlichkeit des Vaters, also sollen auch wir in einem neuen Leben wandeln. Römer 7:6 Nun aber sind wir vom Gesetz los und ihm abgestorben, das uns gefangen hielt, also daß wir dienen sollen im neuen Wesen des Geistes und nicht im alten Wesen des Buchstaben. Epheser 2:15 nämlich das Gesetz, so in Geboten gestellt war, auf daß er aus zweien einen neuen Menschen in ihm selbst schüfe und Frieden machte, Epheser 4:24 und ziehet den neuen Menschen an, der nach Gott geschaffen ist in rechtschaffener Gerechtigkeit und Heiligkeit. Kolosser 3:10 und ziehet den neuen an, der da erneuert wird zur Erkenntnis nach dem Ebenbilde des, der ihn geschaffen hat; Hebräer 9:15 Und darum ist er auch ein Mittler des neuen Testaments, auf daß durch den Tod, so geschehen ist zur Erlösung von den Übertretungen, die unter dem ersten Testament waren, die, so berufen sind, das verheißene ewige Erbe empfangen. Hebräer 10:20 welchen er uns bereitet hat zum neuen und lebendigen Wege durch den Vorhang, das ist durch sein Fleisch, Hebräer 12:24 und zu dem Mittler des neuen Testaments, Jesus, und zu dem Blut der Besprengung, das da besser redet denn das Abels. Offenbarung 3:12 Wer überwindet, den will ich machen zum Pfeiler in dem Tempel meines Gottes, und er soll nicht mehr hinausgehen; und will auf ihn den Namen meines Gottes schreiben und den Namen des neuen Jerusalem, der Stadt meines Gottes, die vom Himmel herniederkommt von meinem Gott, und meinen Namen, den neuen Amen Selah ! Ich hoffe es hat Dir gehilft, sagte mein Deutschlehrer Hi Hi

Es grüsst Dich Andi

169* Ich bin der Töpfer, Du bist der Ton

Wie schon Gott im Jeremia sagt: Ich bin der Töpfer Du bist der Ton. Sagt auch der Ton zum Töpfer; Forme mich so, oder so. Nein er hält still. Unser himmlischer Daddy weiss was am besten für uns ist und wie wir am Schluss aussehen sollten Römer 8.28 und Micha 2.13!. Mit Seiner Hilfe, dies aushalten und verschmerzen müssen, ist unsere immer wiederkehrende Herausforderung, die das ganze Leben andauert. Unser Leben besteht aus Schule, nicht aus Pausen. Wie aber die Heilige Schrift schon Im Johannes 8:32 sagt: Wer an Mich glaubt, wie die Schrift sagt, von dem, werden Ströme des lebendigen Wassers fliessen. Im Hosea 2 steht: Ich will Dich locken, in die

Wüste führen und freundlich mit Dir reden. Wie liebevoll, geduldig und treu ist doch unser Gott. Amen

170* Ein Mann verändert sich nicht

Ich bin ein richtiger Mann! Bevor meine Frau zu Ende geredet hat, vergesse ich Ihr Erzähltes schon wieder. Ich hoffe du hast dich in Eurer 25-jährigen Ehe zum gut zuhörenden Mann entwickelt?

NEIN!! Warum sollte ich?

Was immer noch nicht?! Jetzt wird es aber Zeit damit zu beginnen. Deine wunderbare Frau sollte Deine 100% Aufmerksamkeit wert sein und Sie hat deine Wertschätzung verdient. Nimm Dir Zeit und höre Ihr gut zu ohne deine Ratschläge aus Deiner Hinterhand. Eure Beziehung, wird sich in allen Belangen um Längen verbessern.

Wie Ihr alle bereits aus vorhergehenden Briefen wisst; wurde ich nach 21 Jahren Ehe von einer wunderbaren Frau und Mutter von Drei bereits erwachsen Kindern geschieden. Dies war ein wichtiger Liebesdienst, den ich meiner Geliebten gegenüber, mehr berücksichtigen hätte müssen. Glaubt mir liebe Männer, Ihr tut gut daran eure wunderbaren Ehefrauen und Partnerinnen nur anzuhören ohne Kommentar. Zuhören sorgt für Entspannung in vielen Beziehungsbereichen. Dein Zuhören ist für viele Frauen ein ernst genommen werden Ihrer selbst. Diese Psycho Hygiene hilft Ihnen herunterzufahren und eher empfänglich für Zärtlichkeiten und andere Fantasien zu werden. Wer von Euch möchte dies nicht? Ihr Männer Seid einfach bereit wenn Sie erzählen möchte!

171* Jede Frau ist so kostbar und wichtig

Frauen werden sehr respektlos behandelt. Sogar viele Hunde und andere Haustiere werden mehr verwöhnt. Eine Frau kann so viel mehr!

Du hast ja so recht: Nur Gott kann Menschen Herzen lenken und verändern wie Wasserbäche! Leider ist heute 30, 40 Jahre später das Denken und Handeln, immer noch nicht viel verständnisvoller geworden. Du sagst eine Frau kann so viel mehr! Ich sage Dir: Eine Frau ist ein wunderbarer Mensch, mit den gleichen Rechten und ähnlichen Pflichten. Sie war schon immer sehr ergänzend für den Mann, die Kinder und in allen Ebenen der Gesellschaft. Frauen waren schon immer so viel kostbarer und wertvoller als Ihr Wirken. Unsere wunderbaren Frauen sind unersetzlich.

Andererseits müssten wir als Gesellschaft zu guten und starken Werten zurück kehren Christliche Werte heisst nicht eingeengt werden, sondern Freiheiten, die ich bekommen habe, im richtigen und gesunden Rahmen nutzen. Dies gibt mir einen starken Schutz und bewahrt mich auch vor ungewollten Repressalien. Auch Ihr Frauen, dürft Euch neu dazu stellen eine Gebärmutter zu haben. Mutter sein oder ein Kind gross zu ziehen ist eine Berufung und nicht das Sahnehäubchen eurer erfolgreichen Karriere. Wir wollen ganze Menschen werden

172* Maria ein Gefäss gebar Jesus unseren Erlöser

Marias Hingabe als Gefäss war wichtig.

Dir geschehe nach deinem Glauben. Ich würde mich freuen Dich im Himmel zu treffen. Vergiss nicht; selbst Maria, musste sich zu Jesus bekehren und Ihn als Retter und Herrn annehmen. Jesus Christus ist im Himmel Ihr König. GOTT sein Vater, hat IHN über alles gesetzt, was in den Himmeln und auf der Erde ist. Wohin würdest Du gehen, wenn Du heute Nacht sterben würdest. Ist der Himmel wirklich Dein Zuhause nach Deinem Ableben? Hast Du jemals bewusst mit Deinen Worten, Jesus Christus als deinen Erlöser und Herrn angenommen. Ich rede nicht von Handlungen wie bei Deiner 1.Komunion deiner Firmung oder die Heilige Messe. Dies waren sicher eine wertvolle Erfahrungen, aber so wirst Du leider nicht errettet. Du wirst nur gerettet und gerechtfertigt durch Jesus der am Kreuz für Dich sein kostbares Blut vergossen und für Dich gestorben und auferstanden ist. Die Strafe lag auf Ihm, auf das wir Frieden hätten " Gottes Gabe ist es. " Das Kreuz Christi ist den Menschen eine Torheit die verloren gehen. Uns aber die wir daran glauben ist es eine Gottesfreude

Nur Deine mündliche Entscheidung für das Geschenk Jesus, wird Dich in den Himmel bringen. Also werden wir uns im Himmel begegnen und sehen? Was wirst Du tun? Lese einmal Johannes 1:12, Joh. 3:16, 14:6, Römer 6:4 und 1.Joh. 1:1-9 Du bist geliebt wertvoll und kostbar! Verpasse die Gnade Gottes nicht!

Gottes reichen Segen Ich verabschiede mich jetzt von Dir. Tschüss Andi

173* Du und ich haben Ihn umgebracht!

ich darf ja fragen und meine Meinung sagen. Ich finde es toll, hier in der Gruppe sein zu dürfen, Er ist der Sieger, warum wurde er getötet Den Allmächtigen Gott konnten die Juden einfach so töten. Nichts gegen die Juden, da ER ja selbst aus diesem Volke kommt. Ein göttliches Wesen von einfachen Menschen getötet und das hat ER zugelassen?

Ja, Er wählte dies aus purer Liebe und aus freien Stücken, Jesus ist ein Prophet bei Euch! Ihr Moslem sagt Prophet ISA zu Ihm. Jesus Christus ist für uns der Sohn Gottes, Wir Christen glauben, ER ist für diese in Sünde gefallene Welt gekommen, um als ganzer Mensch unter uns Menschen zu wohnen und zu wandeln. Gott hat die Welt so sehr geliebt, dass jeder der an Ihn glaubt, nicht verloren geht, sondern ewiges Leben hat. Jeder der sagt Jesus ist für mich nicht gestorben, hat den Ernst der Lage nicht verstanden. Auch haben nicht nur die Juden Jesus gekreuzigt und umgebracht, Du und ich auch. Wärst Du der einzige sündhafte Mensch auf dieser Welt gewesen, Jesus hätte sich für Dich allein kreuzigen lassen. Er wäre für deine Sünden und Dein getrennt sein von Gott unserem lieben ABBA Vater gestorben. Er hat durch sein unschuldiges Opfer, das Gesetz erfüllt und Gerechtigkeit wieder hergestellt So hat Jesus für Dich und mich, den Weg zum himmlischen Vater wieder frei gemacht.

Ohne das Kreuz gibt es keine Vergebung. Durch die Vergebung, die ich erfahren habe, muss ich Gott nicht mehr durch Werke gefallen. Seine Gnade genügt mir. Jederzeit kann ich mit meinem himmlischen Vater Gemeinschaft geniessen. Nichts kann mich mehr aus Seiner Hand reissen! Ich tue seine Werke heute aus Liebe und grosser Dankbarkeit und nicht mehr, weil ich glaube durch gute Werk den Himmel erarbeiten zu können. Durch meine Entscheidung für Jesus und meine Umkehr zu Ihm, komme ich zu Ihm in den Himmel. Dort werde ich ewig mit IHM Leben. Jesus Christus ist vom Tode auferstanden und ER lebt und Du sollst auch mit Ihm Leben!

174* Jesus ist der Sohn Gottes und Gott

Ein Moslem sagte zu mir: Jesu hat nie gesagt, Er sei Gott!

Dies stimmt so nicht; Jesus sagte zu den Schriftgelehrten. Ihr nennt Abraham euren Vater. Jesus sagt: Der Mann, der vor Euch steht, war vor Abraham schon hier gewesen. Jesus sagte so den Gesetzeslehrer, dass ER Gott ist. Im 1.Johannes 3:7 steht Es sind Drei die da Zeugen, der Geist und das Wasser und das Blut. Weiter; Christus muss Gott sein, wie könnte Er Dir sonst ewiges Leben geben. Petrus sagte zu Jesus: Herr wohin sollen wir gehen, nur Du hast Worte des Ewigen Lebens. Wer regiert von Ewigkeit zu Ewigkeit? Jesus Christus! ER ist Herr aller Herren König aller Könige und ER wird regieren von Ewigkeit zu Ewigkeit.

Am Ende Deines Lebens, wird ER Dein Retter und König, oder Dein Richter sein. Bitte lies dazu Johannes 1:1-14 und 1. Johannes, 1:1-9 Das Wort war bei Gott und das Wort war Gott und das Wort wurde Fleisch. Wer wurde Mensch, lebte unter uns und starb am Kreuz für unsere Sünden. Es war die Zweite Person unseres Gottes, Jesus Christus unser Retter, Erlöser, und Herr, König. und Gott. Es ist wahr, auch wenn Du es nicht glauben kannst. Bete Jesus Christus, ISA, Deinen Messias und Gott an. Shalom.

175 *Die Wahrheit macht frei

Katholiken und Orthodoxe sind ja nicht errettet. Die müssen sich auch zuerst bekehren,

Lieber Bruder viele Katholiken und Orthodoxe Gläubige, sind wiedergeborene Geschwister die Jesus lieben. Noch Fragen?!

Ich bitte Dich, nicht in allen Denominationen, das Bad samt dem Baby auszuschütten. Wissen ohne Liebe tötet. Der Heilige Geist macht das Wort lebendig und Er führt uns in alle Wahrheit und diese Wahrheit macht uns frei! Gott, kennt allein unser Herz.

Herr durchforsche mein Herz und zeige mir, wie ich es meine und ob ich auf bösem Wege bin.

176* Nein, Er war tot!

Jesus Christus lebt

Er wurde am dritten TAG, am Morgen vom seinem Vater auferweckt und somit ist Jesus Christus auferstanden. ER lebt. Er ist auferstanden! Das Grab ist leer

Jesus Christus, Unser Retter Herr und König lebt! Masseltoff Halleluja Amen

177* Was beten wir?

Bitte Herr Jesus beende die Pandemie? Liebe Schwester: Wir haben nicht einmal eine Epidemie Studiere einmal die Jahrestoten in den letzten 2- 3 Jahren. Sie sind keine 0.5% gestiegen geschweige 8/10 oder 15% mehr im Jahr. Beten wir: Geschwister steht auf erwachet vom geistlichen Tod und handelt als Nachfolger. Seid Licht und Salz und habt genug Öl in Euren Lampen. Ihr Gottfernen Menschen kommt zu Jesus. Bevor es den Chip gibt und es zu spät ist. Kenne Deine Rechte und handle danach. Die Covid 19 Verordnung, hat keine gesetzliche Handhabe. Also kann Sie nicht bestraft werden. 99, 999% ist reine Willkür. Es gibt sogar Anwälte, die stellen sich über den 1.) Verfassungszusatz. 2.) Im Namen Gottes des Allmächtigen 3.) Wir haben das Recht auf völlige Unversehrtheit Betend hören was uns Gott sagt und dementsprechend handeln. Tröste Dich mit Psalm 91 und Psalm 121.

178* Der Papst und Koranlesung?

Im Vatikan lässt Der Papst die Koranlesung eines Imams zu. Alles klar Weltreligion Und Ökumene wie wunderbar. Wer realisiert nicht die schleichende Verfolgung der Christen in der EU. Wachet und betet. dass Ihr der Anfechtung nicht anheimfallen werdet. In Finnland soll das Christentum und da Leben als Christen verboten werden. Hallo liebe Geschwister und Freunde; wir sind in der Endzeit. Johannes 10:27 und betend, wachsam sein! Amen Selah

179* Wie wird diese Welt erträglich?

Wie kann man Heute ohne Alkohol Fitness und andere Ablenkungen diese Welt noch ertragen?!

Dies kann ich gut verstehen. Aber mit Jesus an deiner Seite kommst Du sehr gut durch den Tag. Du bist einfach geliebt. Setze Dich Seiner Liebe aus und entscheide Dich noch heute für Jesus Christus, der bereits für Dein verpfuschtes Leben, am Kreuz für Dich gelitten, gestorben und auferstanden ist! Er hat einen wunderbaren Plan für Dein Leben.

180* «Endzeit» Bleibe Nahe am Herzen Gottes

Erwache und bleibe unterwegs!

Hier ein paar ausge-schriebene Bibelstellen; Ich komme wie der Dieb in der Nacht! In einem Augenzwinkern werden wir entrückt! Bleibe nahe am Herzen Gottes. Wachet und betet und habt genug Öl in euren Lampen! Seid Licht und Salz in dieser Welt. Das wichtigste ist nur für heute mit Ihm und für Andere zu leben und bereit zu sein, auch wenn heute oder Morgen Jesus zurückkommen sollte, werde ich heute noch einen Baum in die Erde setzen. Er wird kommen ich weiss es und ich freue mich darauf. Jetzt komme ich zu den Trübsal Jahren. Hier kommen so viele Endzeit Details aus der Offenbarung in den Briefen und den Propheten zusammen. Die besten Bibel Lehrer der letzten Jahrhunderte. sich bis heute, nicht einig sind, kommt Jesus vor, während, oder nach der Trübsalszeit zurück auf die Erde. Ich wiederhole mich; Schlussendlich ist es gar nicht so wichtig! Nur für Heute, in jeder Stunde, Durch Ihn und mit Ihm aus seiner Liebenden Gegenwart heraus Leben. wollen. und seine vorbereiteten Werke tun. Wir brauchen heute keine Furcht zu haben, weil wir uns seiner vollkommenen Liebe immer mehr bewusst sind. In Johannes 7.38 ist zu lesen: Wer an Mich glaubt, wie Die Schrift sagt aus dem Werden Ströme des lebendigem Wassers fliessen. Ermutigung: Jes. 55. 1-3, Micha 2.13, Johannes 14, 15 und 17, Psalm 91, 103, und 139 Bon Appetit

181* Wiederkunft Jesu und seine Braut

Nimm bitte den ganzen Zusammenhang aus den Propheten, dem Johannes Und der Offenbarung, So werden wir, die Braut, in einem Augenblick in den 3. Himmel (2 Korinther, Kapitel 12:2-4) entrückt.

wir stehen vor den Thron Gottes zum Preisgericht. Dabei geht es um unsere Frucht, die wir gebracht haben! Wenn Jesus auf den Wolken, wieder zurückkehrt, nachdem Gott bei Harmagedon, bei der letzten Weltschlacht gegen Israel, sich mit Seiner Macht gezeigt und eingegriffen hat, werden alle übriggebliebenen Menschen, Ihre Knie beugen und mit dem Munde bekennen, dass Jesus Christus HERR ist. Diese Menschen werden die nächsten 1000 Jahre nochmals auf der Erde Leben. Danach wird der Teufel, nochmals freigelassen, um zu versuchen Sie zu verführen. Wir seine Braut, werden nach der Entrückung sicher einmal 1000 Jahre vor dem Throne Gottes und im neuen Jerusalem verbringen. Platz haben wir genug. Die Masse 2100km je lang und breit und 2100 km Hoch ist diese wunderbare neue Heimat.

Nach diesen 1000 JAHRE. kommt das Endgericht über den Rest der WELT - DER Teufel, Der Antichrist und der Tod, werden dann endgültig in den Feuersee geworfen. Leider auch alle die Milliarden Menschen, die 1.) Jesus Christus nicht als Herr und Erlöser angenommen haben und Ihm nachgefolgt sind. 2. Sie haben nicht Gott den Schöpfer angebetet. Durch das Ansehen der Schöpfung, hätten Sie erkannt, dass es einen Schöpfer gibt. 3.) Die letzte Gruppierung wird anhand Ihren Werken gerichtet. Erst wenn all das Geschehen ist, werden wir mit unserem Gott gemeinsam regieren. Jetzt kommt es: und ich werde neuen Himmel und eine Neue Erde erschaffen. Liebe Geschwister, Liebe Freunde, hier habe ich noch einen Gedanken Anstoss, fur Euch Im neuen Jerusalem haben wir alle genug Platz, mit diesen gewaltigen Ausmassen 2220 Km in der Breite Länge und Höhe. ich sage nur WoW. Pro Jahr werden heute weltweit über 50 Millionen Babys abgetrieben. Nach biblischer Zeitrechnung gibt es seit 10,000 Jahren Menschen. Wo sollten all die Gläubigen auf unserer kleinen

Erde Platz haben. In dieser langen Zeit sind das 70, 150, 200, Milliarden Menschen, die seine Braut ausmachen?! Wie Gross (10 oder 20x) müsste dann die neue Erde wohl sein. Denkt darüber nach und studiert die Heilige Schrift dazu.

Noch etwas zum Wohnen im Himmel. Was sagt Jesus zu den Jüngern im Johannes 14:2+3 In meines Vaters Haus sind viele Wohnungen. Ich gehe zum Vater und werde Euch Wohnungen (je nach Übersetzung) Stätte zubereiten. Weiter sagt Jesus und das gilt für seine ganze Braut: Und wenn ich hingegangen bin und Euch eine Stätte bereitet habe, komme ich wieder und werde euch zu Mir nehmen. Damit da wo ich bin, auch Ihr seid! Jeder von uns wird im Himmel, seine eigene Wohnung haben. Jerusalem ist eine riesige Stadt mit viel Land. Auch die Tiere werden viel Platz brauchen. Unser himmlischer Vater, hat auch hier wunderbar vorgesorgt.

Die Grösse vom himmlischen Jerusalem Offenbarung 21: 11-27 Des Weiteren wird die Größe der Stadt mit einer Seitenlänge von 12.000=12×1000 Stadien beschrieben, ihre Gebäude sollen 12.000 Stadien hoch sein. Umgeben ist sie von einer 144=12^2 Ellen hohen Mauer. Rechnet man ein Stadion mit 185 m, ergibt sich eine Kantenlänge von 2.220 Kilometern. Meine ausgeführten Zeilen kannst Du vor allem in Offenbarung, Kapitel 19-21 und Joh. 14 nachlesen und studieren.

182* Bete für Israel Segne Jerusalem, Ernte Segen

Israel, die Juden, sind nun einmal der Augapfel Gottes, wir sind Erben und in diesen Ölbaum eingepfropft und allein aus Gnade sind wir unverdient gerettet. Das Leben mit Ihm Jesus Christus, kostet uns aber Alles. Der grösste Teil der Juden wird Christus noch als Ihren Messias erkennen.

Was ist eigentlich Dein Problem?

Zankapfel seit über 4000 Jahren, und, trotzdem sind die Juden der Augapfel Gottes Also bete für unsere Wurzel Israel, (Juden) dass Sie Offenbarung bekommen, Jesus den Messias, Ihren Erlöser zu erkennen.

Jesus Christus lebt Liebst Du jetzt unsere Wurzel Die Juden und betest Du für Israel? Segnest Du Jeruschallah oder hast Du ein Problem mit dem Augapfel Gottes. Stehst Du auch gegen die Juden auf, wird Gott selbst gegen Dich aufstehen. Beginne heute unsere Wurzel, den Ölbaum, die Juden und das heutige Israel zu segnen. Diesen Segen, willst Du doch auch, oder bist Du auch ein Antisemit, Zu meinem Leidwesen war dies auch unser geliebter Martin Luther? Leider hasste Er die Juden und verfiel dem Alkohol am Ende seines Lebens

183* Erkenntnis Durch Offenbarung

Mit geöffneten Augen mehr und mehr JESUS erkennen, wie er wirklich ist und welche Grosse Berufung, auf uns liegt. Aussagen wie; Mir wurden die Augen geöffnet, ich war blind und jetzt bin ich sehend geworden, kamen mir durch so viele Zeugnisse entgegen. Gottes Güte, führt uns zur Umkehr. Es ist sein Verdienst, ER schenkt auch das Wollen und das Vollbringen. ER ist der Anfänger und Vollender unseres Glaubens. Alle Ehre gebührt Ihm. HIOB sagt am Ende seiner grossen Qualen, Bisher habe ich nur vom Hören Sagen von Dir vernommen, aber jetzt hat mein Auge Dich gesehen.

Mein Zeugnis: Zum Leben durchgebrochen. Meine Mutter, war nicht bereit für mich und wollte mich Abtreiben. Ein Glücksfall, Sie brachte mich auf die Welt. Mehr als 2

Jahrzehnte, lang, hatte ich Albträume; Ich wäre gestorben, bereits im Sarg begraben und oben am Grab, trauern alle um mich. 2. Scene: Beim Schlafen zog ich meine Decke immer weit über meinen Kopf. Wenn Der Kopf herausschauen würde, könnte jemand kommen, um Ihn abzuschlagen. Ist das Angst vor dem Leben? 1998 beteten 3 Frauen 4 Stunden lang für meine Mutterwunde. Wieder in der Natur, war die Sonne leuchtender, der Himmel blauer, das Gras war grüner und die Blumen farbiger. Auch die Menschen waren netter und sympathischer. An diesem neuen Tag entdeckte ich das Leben. Kennst Du solche Szenerien auch? Ich bin ein Wunschkind nach Gottes Plan und von Ihm gewollt Psalm 139

184* Heilungsprozesse und gesund werden (13)

Lieber Bruder ich muss nicht die Dämonen kennen. Leider geben wir immer wieder viel zu schnell die Schuld dem Teufel. Zum Beispiel Römer Kapitel 6 spricht davon; der Sünde abgestorben zu sein und Galater, Kapitel 5 Wandelt im Geist und ihr werdet die Werke des Fleisches nicht erfüllen. Dies schaffe ich nur mit Joh. 15:5. Ich bin der Weinstock Ihr seid die Reben, wer in Mir bleibt und Ich in Ihm, der bringt viel Frucht ohne mich könnt ihr nichts tun. Wenn der Herr nicht das Haus baut, bauen die Bauleute umsonst. Nicht durch Heer oder Kraft soll es geschehen (Sacharja 4:6), sondern durch meinen Geist soll es geschehen spricht der Herr euer Gott. Dazu darf ich mich in der Gegenwart meines himmlischen Vaters an seinem Herzen gesund lieben lassen. Auch durch Jahrzehntelange Prozesse, muss mein verkorkster Charakter und meine sündhafte Gesinnung (Gedankenwelt) der Heiligen Schrift angepasst werden. Ich werde so lange daran bleiben müssen, bis ich heimgehe, oder Jesus vorher wiederkommt. Darum müssen wir lernen, uns von seiner Gnade tragen lassen. Wir müssen vermehrt die Heilige Schrift mit der Hilfe des Heiligen Geist studieren und verinnerlichen. Als Perlen des Herzen möchte ich Sie jeden Tag aus seiner Kraft Leben. Diese intime Gottes Liebe, wird meine Lebenslust fördern und mich in eine nie intensiver erlebte Befriedigung führen. Amen

185* Meine harten Lehrjahre

Meine jüngste Tochter sagt, wenn ich vom Glauben spreche, sieht alles so einfach aus. Die 1. 15 Jahre ab 1987 waren sehr harte Lehrjahre. Mein Mittelpunkt Leben musste sich drastisch reduzieren. Hier vorne zu stehen und Erfahrenes weiterzugeben, fällt mir immer noch leicht, aber im Gegensatz dazu lerne ich mich seit Jahrzehnten zurückzunehmen und seit mehreren Jahren ein besserer Zuhörer zu werden. Mit meinen grossen Grund-schmerz Ablehnung, war dies am Anfang sehr schwierig. Zu lernen richtig zu verschmerzen, kostet mich heute noch viel Demut. Durch Gottes Gnade und seine Kraft, gelingt mir das Überwinden immer besser. Im Hintergrund meine Verantwortung wahrzunehmen , hat mir in meiner Berater Tätigkeit meine heutige Effizienz zu Tage gefördert. Es gibt viel zu tun; Es gibt viel zu tun, Ich packe es an. Josua1:9 und Psalm 32:8 Ich bin nie allein

186* Nicht aus eigener Kraft Johannes 15:5

Liebe Scharon, Danke herzlich für Deine Offenheit. Was hättest Du getan, wenn Dein Mann damals Krebs und dann Nieren krank mit künstlicher Blase geworden wäre. Ich sage Dir etwas ganz Wichtiges. Es hat nichts mit Deinem Job zu tun. Sondern mit Deinen tiefsten Ängsten. Seit über 20 Jahren befasse ich mich mit Seelsorge und ich garantiere Dir, es hätte Dich gehindert, mit mir auf Augenhöhe zu kommunizieren, weil Du dich wahrscheinlich, vielen Deinen Ängsten bezüglich Krankheit und Tod nicht stellen möchte. Den Himmel gibt es wirklich, ich habe ihn schon einige Mal gesehen. Fürchte Dich nicht, steht 366x in der Heiligen Schrift. Gott sei Dank, bin ich psychisch sehr gesund geworden, geistig fit, liebevoll freundlich und immer geduldiger unterwegs. Wenn unser Körper auch täglich müder wird, unser Geist, wird jeden Tag erneuert. Ich wünsche Dir einen Mann, der wirklich Mensch geworden ist. Jesus wurde ganz Mensch. Was wären Deine Reaktionen auf eine chronische Krankheit oder einen schweren Unfall? Du wärst sicher sehr froh und dankbar, würde dein geliebter Mann an Deiner Seite zu dir halten. ! UPS?! Habe ich Dich auf dem richtigen Fuss erwischt?

Wir sehen uns alle nach dem geliebt und angenommen sein von einem Ehemann/ Ehefrau oder Partnerin. Mit unserem himmlischen Vater erleben wir es immer wieder. Nach menschlicher Nähe und Wärme, sehnen wir uns auch. Noch etwas, sage ich Dir: Du wärst nur kaputt gegangen, hättest Du diese Lasten mit Deiner eigenen Kraft zu tragen versucht. Matthäus 11.28-30 , Johannes 8.:28 Johannes 15:5, Micha 2:13, 2. Korinther 2:1-7 Ich wünsche Dir nur den besten Mann, von unserem himmlischen Vater.

Einen Grüessli Andi

187* Politiker Dankbarkeit und einstehen! 1

Bitte höre auf uns voll Zulabern, Du bist wie ein schlechter Politiker, redest Unmengen, aber nichts Verwertbares, Verständliches, oder Brauchbares. Ich habe gelernt, für Vieles einfach nur dankbar zu sein Slogan; Vielen Dank für das was ich habe und nicht für das was ich nicht habe. Sollte ich wirklich etwas weises zu sagen haben, mit grösster Vorsicht, den Mund aufzumachen. Die Meisten geben Ihr Bestes und das möchte Ich honorieren. Ich möchte nicht an Ihrer Stelle sein. Darum bete ich zuerst segnend für Diese Menschen Tue doch dasselbe, was meinst Du dazu?!

188* Politiker segnen "Segen oder Fluch 2

Es ist möglich, dass ich mit meinen Äusserungen übers Ziel hinausgeschossen habe. Ich könnte auch zu wenig Lösungs-ansätze vorlegen, weil ich die Politiker in Deutschland und Ihre politische Problematik zu wenig kenne. Was ich aber weiss lieber Adam, Es wird leider über unsere Leiter, Pastoren und Politiker geredet, und hergezogen. Ich ziehe es vor, seit Jahrzehnten regelmässig für unsere Obrigkeit zu beten (Kenia ist hier ein Parade Beispiel) nach Römer 13. Daraus können wir schliessen, dass es uns immer noch zu gut geht. Wir leben in Sicherheit, wir haben genug zu essen, ein Dach über dem Kopf ein Bett zum Schlafen und ein bis zwei PW oder Motorräder.in unserer Garage stehen! Von den Medien Gerätschaften ganz zu schweigen. Hier ein paar Zahlen: Im deutschsprachigen Dach brauchen wir heute 15- 25% vom Lohn Für Lebensmittel 40-45% für Luxusgüter, für Versicherungen Ca.10% und Ca. 20% für unsere Fahrzeuge oder den ÖV. Vor 50 Jahren, brauchten wir über 60% für unseren einfachen Lebens unterhalt?! Wenn ich mich nicht wirklich politisch aktiv bestätige, möchte ich weiter dankbar unsere Obrigkeit segnen. An solchen fruchtlosen Diskussionen werde ich mich nicht beteiligen. Eine Sache noch; wie oft segnet Ihr Eure Pastoren und Politiker? Fahren wir weiter fort: Segnet Ihr Eure Frau, eure Kinder und Verwandten. Dazu auch Euren Chef die Mitarbeiterinnen, die Polizisten und die anderen Autofahrer. Seid ihr wirklich dankbar für Sie. Wer mehr über Segen und Fluch, erfahren möchte, lese das Buch von Derek Prince mit dem oben erwähnten Titel. Liebe Freunde, das war wahrscheinlich nicht die Antwort, die Ihr erwartet hast. Bitte denkt darüber nach Maranatha Amen

189 Politik und Gebet 3

Liebe Freunde das meinte ich bei meinem letzten Schreiben. Wieso wird hier ständig gequatscht und aus getauscht über Missstände und Anderes! Wir wirklichen Christen sind aufgefordert zu beten und dementsprechend zu handeln! In unseren Ländern wird sich mit quatschen nichts verändern. Prüft Ihr von Herzen, was Ich hier schreibe, müssen wir hier aufhören zu quatschen und mehr unseren himmlischen Vater im Verborgenen, vor seinem Gnaden Thron bestürmen. Ich tue es immer wieder und Ihr sicherlich auch. Werden wir uns hier wirklich in die Pflicht nehmen lassen ins Gebet zu gehen? Lassen wir das Fluchen und motzen uns beginnen zu Beten. wir haben für so vieles zu danken Amen

190* Unter dem Gesetz oder Jesus hat es erfüllt

Jesus Christus hat das Gesetz erfüllt. Mit dem 1.Gebot Liebe Deinen Gott zuerst und dem 2 .Gebot Liebe Deinen Nächsten, wie Dich selbst ist alles aus den 10 Geboten abgedeckt. Es geht nicht mehr um den Buchstaben des Gesetzes. Jesus als Erlöser und Herrn angenommen. Jesus sagt in 1.Johannes 13.34:

Ein neues Gebot gebe ich euch, dass ihr euch untereinander liebt, wie ich euch geliebt habe, damit auch ihr einander liebt Es gibt kein schwierigeres Gebot als zu Lieben und dies aus der Kraft seiner Stärke! 1.Petrus 4,8 sagt Vor allem aber habt untereinander eine anhaltende Liebe. Denn die Liebe deckt eine Menge von Sünden zu, vorausgesetzt, man zeigt aufrichtige Reue und kehrt um. So wird auch verhindert, dass für jede Kleinigkeit zum Anwalt gerannt wird, wie es in der Welt üblich ist. Unter Christen sollte Vergebung Leben die Regel sein.

191* Liebe Deine Feinde 7X70

Durch das Erleben von Gottes Gegenwart und Sein Wort, bist Du jeden Tag erneut befähigt, auch Deinen Feind zu lieben. Warum? Weil Jesus Dich zuerst geliebt hat. Was hat Gott getan, als wir noch Feinde Gottes waren! Also entscheide Dich und höre auf zu Jammern. DU Kannst das. Wenn Du wüsstest, was ich für Nachbarn habe. Was hat Jesus gesagt. 7x70 sollen wir vergeben, also immer und immer wieder. Wieviel Male pro Tag verletzt Du Jesus oder sündigst Du, wie ich auch, ohne Absicht an anderen Menschen Dir und Mir ist seit über 2000 Jahren, durch den brutalen Kreuz Tod Jesu vergeben. Also kann ich dies mit Seiner Hilfe auch. Jesus als Mensch sagte am Schluss, Vergib Ihnen, denn Sie wissen nicht, was Sie tun. Also liebe jetzt Deine Feinde aus Seiner Liebe heraus und vergebe immer wieder, wie Dir jeden Tag von Gott vergeben ist. Jedes Kind Gottes auf dieser Erde erlebt diese Herausforderungen. Viele auch heute noch, bis zum Tod. Denke an Afrika, China, Arabien und viele Länder mehr, dort werden aufgefundene Christen gesteinigt, geköpft oder in Reifen gesteckt und lebendig verbrannt. Ich will ein weiches Herz behalten und ein

Kopf wie ein Stein bekommen, gegen alle Widrigkeiten des Lebens. Jesus spricht: Lass Dir an meiner Gnade genügen, Meine Kraft ist in den Schwachen mächtig. 2.Johannes 12:9 Micha 2:13 Josua 1:9 Und Johannes 15:5 Sei gesegnet.

192* Dämonen oder Engel 1

Liebe Scharon, selbst bei Derek Prince ein weltweit, anerkannter und geisterfüllter Pastor und starker Bibellehrer, musste Ihn mit 80 Jahren noch ein Dämon verlassen. Es geht auch um Erfahrungswerte!

In der Bibel steht nirgends, wenn Du Im Gebet, im Geist eine Katze einen Kamin runterlaufen siehst, dass über dem Haus ein Fluch lastet. Wir haben das im Gebet erlebt. Als wir gegen diesen Fluch gebetet haben, erfuhren wir grössere Freiheit in diesem Haus. Also ein Erfahrungswert, Nicht wahr?! Bin ich nun unbiblisch! Ich glaube nicht!! Johannes 10.27

Unser Kampf ist nicht gegen Fleisch und Bluts, sondern gegen die Herrschaften gegen die Gewalten, gegen die Welt-beherrscher dieser Weltzeit, gegen die geistlichen Mächte der Bosheit in den himmlischen Regionen. Wir haben Krieg in der Himmelswelt!

193* Dämonen oder Engel 2

Lese die Bibel oder zusätzlich Der Prophet in Dir. Wir müssen nicht über Engel und Dämonen lesen. Sondern schauen wie Jesus mit den Dämonen umgegangen ist. Je nach Situation, den Heiligen Geist fragen, was zu tun ist.

Bücher; Ich lese nur Bücher, in denen Gott verherrlicht wird. Über den Feind muss ich nicht viel wissen, sondern wer Du in Christus bist - Autorität - Wer Christus ist - Dein Retter, Mittler, Anwalt und König - woher Du kommst du und wohin Du gehst - Stecke deine Pfosten weit - Nimm Dein Land ein und befestige es - Friss Deine Riesen wie Brot - Trachtet zuerst nach dem Reich Gottes und seine Gerechtigkeit (Matthäus 6:33), so wird Dir alles zufallen. Habe Deine Lust am Herrn (Psalm 37:5)und Er wird Dir geben was Dein Herz wünscht. JESAJA 61:1-3, Jesaja 60:1-3, Johannes 15:1-5, Matthäus 11:28 - 30 So gehen wir Tag für Tag vorwärts nur für Heute. Lass Dir an meiner Gnade genügen, Meine Kraft ist in den Schwachen mächtig. 2. Korinther 12:9 Josua 1:9 MICHA 2:13

194* Väterlicher Trost bei Defizite, Ängste, Nöte, usw.

Fürchte Dich nicht steht 366 X in der Heiligen Schrift:. Psalm 23:3 - 4 Er quickt meine Seele; Er führt mich auf rechter Strasse um Deines Namens Willen. Und wenn ich wanderte durchs Tal der Todesschatten, so fürchte ich kein Unglück denn Du bist bei mir.; Dein Stecken und Stab, die trösten mich Psalm 32.8 Ich will Dich unterweisen und Dir den Weg zeigen, den Du gehen sollst; ich werde Dich mit meinen Augen leiten Der Gott allen Trostes, der uns tröstet in all unserer Bedrängnis damit wir die trösten können die in allerlei Bedrängnis sind, durch den Trost, mit dem wir selbst von Gott getröstet werden.

193* Ausgerechnet Kartoffeln 1

Warum ausgerechnet Kartoffeln?» – der Lockdown bei Covid 19, weckt Erinnerungen an den August 1939, als der Zweite

Weltkrieg begann. Von Katja Schlegel, Sebastian Wendel - CH Media 17.3.2020 um 05:00 Uhr

1Kilo Reis pro Kopf und Monat-Lebensmittelkarte von 1939
1Kilo Reis pro Kopf und Monat-Lebensmittelkarte von 1940

Das Eidgenössische Volksdepartement hatte im April 1939 angeordnet, einen «eisernen Vorrat» an Nahrungsmitteln anzu legen. Gut daran erinnern kann sich die Aarauerin (AG) Verena Baumberger, Jahrgang 1927. Zwölf Jahre alt war sie, als der Zweite Weltkrieg ausbrach.

1930-1945 kam die Anbauschlacht für die ganze Schweiz mit Friedrich Traugott Zwahlen zum Tragen Kartoffeln überall wurden Kartoffeln gepflanzt Auch der Bundeshausrasen wurde nicht verschont

Es sind viele Erinnerungen, die die aktuelle Situation hochspült. An die Vereidigung der Soldaten auf dem Schulhausplatz, an die Arbeit in den Bündten, an die Maikäferplage. Aber die Situation von damals und die von heute, das sei nicht vergleichbar, sagt Verena Baumberger. «Damals kam die Bedrohung von aussen, sie war greifbarer.» Sorgen macht sie sich nicht, zumindest nicht um sich selbst. Vorräte hat sie immer im Keller, sie kenne es nicht anders. Befremdlich sei es aber schon, wie sich die Leute aktuell in den Läden eindecken würden. «Aber so ist der Mensch. Er denkt nur an sich. Wenn er sich bedroht fühlt, rafft er zusammen, was er kriegen kann.»

194* Ernährungssicherheit vor 75 Jahren Anbauschlacht

Nur über 75 Jahre nach dem Ende des zweiten Weltkriegs wird heute das reichhaltige Lebensmittelangebot als selbst verständlich und gesichert betrachtet. Aber das anbaubare Land hat bekanntlich abgenommen. Und viel weniger Landwirte sollen für viel mehr Konsumenten die Menge sicherstellen. Dabei gehen wir vielleicht auf ein Zehn millionen-Volk zu! Die Steigerung der Flächenproduktivität und der Fleischproduktion ist durch neue Vorschriften in Sachen Umwelt und Tierwohl begrenzt. Wird unsere Landwirtschaft durch Importkonkurrenz weiter geschrumpft, kann sie die Ernährungssicherheit in Notzeiten immer weniger garantieren. Nach Aussage von Prof. Pius Hättenschwiler könnte die heutige Eigenversorgung maximal ein halbes Jahr das bestehende Konsumniveau voll decken. Immerhin gibt es eine wachsende Minderheit, die für Gesundheit im Produkt und Nachhaltigkeit bereit ist, etwas mehr zu bezahlen. Und wo sind diese Werte am besten gesichert? Natürlich in der Produktion im Inland: eigene Steuerung, Kontrolle, Transparenz, strengere Vorschriften und schnellere Behebungszeiten (vgl. gehabte Vergiftungen und Fleischskandale mit internationaler Verbreitung). Das heisst auch geringere Abhängigkeit vom Ausland dank innerer Ernährungssicherheit bei weltweiter Verknappung durch Naturkatastrophen, Boykotte etc. Diese Sicherheits leistung mit Schweizer Herkunft kann unsere Agrarwirtschaft als Imagepflege und Preiserklärung nutzen. Dies kann auch im philosophisch poetischen Sinne als Kulturbeitrag kommuni ziert werden: Die Bäuerin, der Bauer als verlässliche Ernährer/innen des Volkes und verantwortungsvolle Pfleger/ innen der «Haut der Erde». Nicht zu vergessen ist die Kultur der Bauernfamilien durch ihre Verbundenheit mit Boden,

Pflanzen, Tieren, Wetter usw. Wahlen hielt in seiner am Radio übertragenen Rede am 15. November 1940 schicksalshaft fest: «Wir wollen kämpfen für die Unabhängigkeit der Schweiz mit Brot für alle aus eigenem Boden». Mit diesem öffentlichen Druck fand er die politische Mehrheit für seinen Plan. Das war nicht leicht, weil der Plan unserer Landwirtschaft einiges zumutete. Er war aber die Lösung gegen importunterbindende Grenzen, Seewegblockaden, Boykotte, ausländische Erpressbarkeit und Hungergefahr. Das Prinzip seines Ackeranbauplans war bekanntlich, aus der gegebenen Landwirtschaftsfläche möglichst viele Schweizer und Schweizerinnen ernähren zu können. Der Schwerpunkt lag deshalb im Ackerbau. Und hier konnten mit Kartoffeln und weiterem Gemüse und Getreide am meisten Kalorien pro Flächeneinheit produziert werden. Mit dem Anbauplan Wahlen (auch Anbauschlacht genannt) wurde der Eigenversorgungsgrad von rund 50% auf 74% gesteigert. Unsere Landwirtschat war nun Garanten für die Volksernährung.

Der Anbauplan war für unsere Landwirtschaft eine grosse Herausforderung. Einmal bedeutete der vermehrte Ackerbau eben auch Mehrarbeit gegenüber der Graswirtschaft. In typischen Grasgebieten gab es aufwendige Umstellung auf neue Maschinen und Zugkräfte. Dazu kam, dass manche Landwirte samt den Angestellten und Pferden kriegsbedingt einrücken mussten. Im Film berichten Bäuerinnen und Bauern als letzte Zeitzeugen, wie es damals war. Agrarexperten erläutern wie das Prinzip dieser hohen Kalorien-Produktivität realisiert wurde. Im Film hat es solche lebensnahe Interviews, aber auch Bilder von damals. So sieht man wie sogar im Park vor dem Bundeshaus Kartoffeln geerntet werden konnten und vieles mehr. Unsere Landwirtschaft fand für ihren Grosseinsatz breite Anerkennung und Solidarität in der Bevöl kerung. Tut es nicht gut, heute daran zu erinnern? Noch vor 75 Jahren bestand die Gefahr einer Hungersnot in der Schweiz! Man fand eine solidarische Schweizer Lösung, die bis in die USA Aufmerksamkeit erwirkte. Nach der Anbauschlacht wurde F.T. Wahlen in die UN-Organisation FAO, also in die Entwicklungsarbeit berufen und stieg da bis zum als Vize-Generaldirektor auf. Er kam in viele Länder und galt später als der welterfahrenste Bundesrat. Sein Prinzip war Hilfe zur Selbsthilfe. So entstanden z.B. in den Bergebieten Nepals erste Käsereien nach Schweizer Muster. Dann wurde an der ETH eine Getreidesorte speziell für Höhenlagen gezüchtet. Bis heute gibt es über 1'000 Brücken über die Bergtäler nach Schweizer Vorbild. Noch heute sind gegen 90% der Bevölkerung von Nepal in der Landwirtschaft tätig. Sie haben Arbeit und Brot und keine Angst vor Arbeitsplatzverlust.

Bundesrat Friedrich Traugott Wahlen Anbauschlacht Schöpfer der «Anbauschlacht» ETH-Agrar-Professor mit Wurzeln in Trimstein, Belp und Mirchel

Alle 3 DVD von der Anbauschlacht und Friedrich Traugott Wahlen beziehbar bei Rudolf Meister (Professor Ernst Wüthrich Filmhauptautor) Wahlen-Verlag, Stockerenstrasse 1, 3532 Mirchel

195* Präsentiere Dich nicht unter Wert

Liebe Scharon, Du könntest meine wunderbare Tochter sein. Auch habe ich schon zwei wunderbare, erwachsene Töchter. Meinen Töchtern würde ich raten, sich nicht an den Hintern und an die Hüfte fassen zu lassen, solange nicht eine zukünftige Verlobung und spätere Heirat ins Haus steht. So in dieser Position, zeigst Du dich hier den Männern auf dieser Plattform. DU bist eine junge Frau, die hoffentlich in der Heiligung lebt und hier einen gläubigen Mann sucht. Er sollte mit christlichen Werten vertraut mit biblischen Werten vertraut ist und diese auch leben möchte. Liebe Scharon, Bitte poste ein Foto, dass Dein Gott gegebenen Wert präsentiert. Hier stellst Du dich weit darunter. Was verstehst Du unter Bombe. Bist Du denn eine (Sex) Bombe? Eine wertvolle und kostbare Frau bist Du. Ein Objekt der Begierde, das man kauft und benutzt, bist Du mit Sicherheit nicht! Präsentiere Dich nicht unter Wert. Warum schreibst Du nicht in Deinem Interview, was Du Dir von deinem zukünftigen Mann an Deiner Seite wünscht. Sei Kreativ und sprich von Deinen Bedürfnissen und Wünschen. Kein Mann, kann Dir Deine Wünsche, von den Augen ablesen. Bemühe Dich und gib Alles!

Liebe Grüsse von einem langjährigen Seelsorger.

196* Den Richtigen für Deinen Austausch

Ja liebe Scharon Hier hast Du den Richtigen für den Austausch gefunden. Ich liebe die Beziehung und die Zwiesprache, mit unserem himmlischen Vater und meinen Geschwistern im Alltag. Wenn Du meinen Brief nochmals genau liest, wirst Du feststellen, dass ich ganz Mensch werden möchte.Wie auch Jesus Mensch war und ist.

Ich liebe alle meine Geschwister. Ausgerichtet bin ich aber stark Richtung Pfimi, Heilungsschule Thun. Healingsrooom, und Gebet für die Schweiz. Wort des Glaubens, Meine Schwester Joyice Meier TV, aber involviert bin ich in der 12

Schritte Arbeit, Endlich Leben und werde jedes Jahr spürbar sensibler und kann immer besser zuhören.

Dennoch ist es für mich unumgänglich, durch die Gnade Gottes und sein Wort getragen zu werden. Du brauchst nicht mehr als meine Gnade umso schwächer Du bist, umso stärker kann ich mit meiner Kraft, durch Dich wirken. Lass Dir an meiner Gnade genügen, denn meine Kraft ist in den Schwachen mächtig. Ich weiss von was ich spreche. Seit 18 Jahren, bin ich medizinisch gesehen todkrank und schon Dreimal fast gestorben. Das Leben ist schön

197* Echte Freiheit was ist das

Liebe Freundin; Du versuchst mit Deinem Leben und vielen gnadenlosen Ratschlägen Gott zu gefallen. Jesus hat dies am Kreuz und durch seine Auferstehung für Dich erwirkt und mich erwirkt. Die Strafe lag auf Ihm. Auf das wir Frieden hätten. Begegne Jeden Tag Dir und den anderen Menschen voll Gnade. Geniesse es in seinen für Dich vorbereiteten Werken zu laufen. Frauen dürfen Hosen tragen; Auch wir Männer haben Röcke bis ins 17. oder 18. Jahrhundert getragen.

Freiheit heisst, was habe ich für eine Haltung mit dem Kreuz vor Augen. Ich darf Alles tun, aber es dient mir nicht alles. Menschen mit einem schwachen (nicht schlechten Gewissen) wie Du, soll man tragen und Ihnen nicht zum Anstoss werden. Du aber verurteile diese Menschen nicht, Die Dinge tun können, bei denen Du nie die Freiheit hättest, diese aus-zu leben. Lebst Du jetzt aus dem Gesetz oder aus der Gnade. Witzig dabei ist; Die Kleiderordnung, hat nichts mit dem Gesetz zu tun, sondern mit Freiheit. Dies wird auch nicht zum Kuschel Evangelium. Bewege Dich durch jeden Tag mit dem

Kreuz in der Mitte. Dies heisst in die wahre Freiheit hineinwachsen! Was wirst Du tun?

198* Ich kann Dich getrost loslassen

Liebe Schwester es gibt keine Verdammnis, für Die, weiche in Christus Jesus sind. Nimm Vergebung in Anspruch und vergebe Dir auch selbst, Richte Deine Krone. Steh auf (Jesaja 60:1) und laufe wieder fröhlich Deine Strasse im Alltag entlang. Du bist so wertvoll und kostbar. Menschen Die Dich bezüglich des Rauchens usw. verurteilen, müssen aufpassen, dass Sie nicht von unserem himmlischen Vater, wegen Ihrem pharisäischen Verhalten, zur Rechenschaft gezogen werden. Hinter der Selbstgerechtigkeit kann man sich so gut verstecken. So muss man sich selbst nicht verändern und auch nicht verändern lassen.

Ich bin so dankbar, dass ich Dich getrost loslassen kann. Weisst Du warum? Weil unser Gott weiss, wie das Leben funktioniert, und Dich gut kennt, Er hat Alles in Deinem Leben unter Kontrolle Er wird sicher mit Dir zum Ziel kommen. Seid gesegnet Liest Psalm 103 PSALM 139 Und Johannes Kapitel. 14 +17 und 2.Kor. 1:2-7 Der Trost des Vater

199* Vielen Dank Das habe ich heute Morgen gebraucht.

Unser himmlischer Vater Ist doch einfach gut, gewaltig und wunderbar. Jesus war mitten unter den Gottfernen Menschen. Bitte lebt Ihnen Christus vor. Und seid vorsichtig und gut geschützt. Lasst Euch nicht von der Welt verführen.

Macht weiter so. Wenn dies für Euch so stimmt, dann bleibt auf diesem Platz. Hört einfach gut auf die Stimme Gottes Ich finde Super, was Ihr da macht. GOTTES reichen Segen, Seine Vollmacht und seinen Frieden soll mit Euch sein. Einer schlägt Tausend Zwei schlagen Zehntausend. Nicht durch Herr oder Kraft soll es geschehen. sondern durch meinen Geist soll es geschehen; spricht der Herr!

Salü und tschüss Euer Bruder Andi

200* Unsere Kinder brauchen unsere Gebete und Schutz

Eine besorgte Mutter; Da wird mein Sohn auf dem Pausenhof blutig geschlagen und die Lehrer halten es NICHT mal für nötig zu helfen! Wo leben wir eigentlich?!

Dies tut mir leid, sei getröstet, aber es ist auch eine geistliche Sache. Erst als mein Sohn nach Sechs Jahren Drangsal zurückschlug, musste Er und der Provokateur beim Päda gogen. unserer Schule antreten.

Als ich Diesen am Telefon hatte, blies ich ihm seinen Humanismus um die Ohren. WIR Christen hätten eine klare Linie. Wir halten nichts von Wischi Waschi Ansichten .

Heute ist mein Sohn 22 Jahre und noch stärker mit unserem himmlischen Vater auf dem Weg. Sein Statement: Es braucht transparente, und wiedergeborene Menschen, an unseren Schulen. Jesus lebte auch unter den Sündern

"Wir kämpfen nicht gegen Fleisch und Blut.

Ps. alle Drei Kinder wurden geplagt angegriffen und sind heute barmherziger, sensibler und stärker mit Jesus im Alltag. Unsere Kinder brauchen unsere Gebete. Also was wirst Du tun? Den Dienstweg ist vielleicht auch einzuhalten und zu gehen. Tue was Du von Ihm hörst.

201* Warum Leid, Schmerz, Not und Tod auf dieser Welt

Frage einer Frau: Lieber Andi dann gehe ich davon aus, dass Du alles verstehen und auch zu wissen scheinst, warum es so viel Leid auf der Welt gibt!

Liebe junge Frau Ich danke Dir für Deine Offenheit und Dein Vorschuss Vertrauen mir gegenüber.

Gott sei Dank, muss ich nicht alles wissen Durch meine Jahrzehnte lange Beziehung mit Jesus und beim Studium meines Lieblingsbuches, die Heilige Schrift, sind mir viele Kronleuchter aufgegangen.

Liebe junge Frau, Ich muss Gott glauben wollen, um vermehrt verstehen zu können. Die Not und das Leid sind durch den Menschen, sein Egoismus und seine Verantwortungslosigkeit in die Welt gekommen. Wir gehen jetzt einmal davon aus, die Bibel ist wahr von Anfang bis zum Schluss. Ich glaube dies jedenfalls und erlebe es auch so. Gott hat uns in einen wunder baren grossen (Paradies) Garten gesetzt Mit allem was wir zum Leben brauchen. Adam und Eva konnten im Garten jeden Abend mit Gott Ihrem Schöpfer sprechen, wie wir zwei hier. Gott wollte keine Marionetten, also appellierte Er an Ihr Verantwortung Gefühl und Ihre Liebe zu Ihm. Ihr dürft von Allem Essen, nur nicht von diesem Frucht-baum dort hinten Eva fand, diese Früchte sind so schön anzuschauen. Jetzt kam der Teufel, den es ja gar nicht gibt, in den Garten. Einer der grössten Lügen auf der Welt ist, dass es den Teufel gar nicht gibt. Also wenn es einen guten und liebevollen Gott gibt, muss es auch das Absolut Böse geben. Das ist Luzifer, Satan, Engel des Lichts, Diabolos, der Durcheinander Bringer, die alte Schlange, der Vater der Lüge von Anfang an. Er sagte zu Eva Ja iss von dieser Frucht, Du wirst nicht sterben. Du wirst sein wie Gott. Eva entschied sich auf den Teufel, die Schlange zu hören und nicht Gott zu gehorchen. Sie ging zu Adam und auch er ass von dieser verführerischen und süssen Frucht Jetzt gingen Ihnen die Augen auf. und sie erkannten, Sie waren nackt, schämten sich und bedeckten sich mit Palmblätter. Gott kam in den Garten und rief Adam wo bist Du? Adam hatte sich aus Angst und Scham versteckt. Ich bin nackt sagte Adam. Gott fragte Ihn darauf, wer hat Dir gesagt, dass Du nackt bist? Die Frau, die Du mir gegeben hast, hat mir von der Frucht zu Essen gegeben. Darauf Eva, die Schlange gab mir von der Frucht zu essen. Hier kommen bereits die Uns bekannten Schuldzuweisungen und unsere Verantwortungslosigkeit zum Vorschein. weil Ihr mir nicht vertraut und dadurch nicht gehorcht habt, muss ich Euch aus dem Garten Eden entfernen. Auch wenn es Mir fast das Herz bricht. Nachher tötete Er Zwei Schafe, um Kleider für Adam und Eva zu machen. Um unsere Blösse zu bedecken, musste Gott selbst schon das Erste Blut vergiessen. Als Adam und Eva aus dem Paradies gehen mussten, war es vorbei mit den Annehmlichkeiten, der Versorgung und den täglichen Gesprächen in dieser wunderbaren Beziehung mit Gott.

Dies ist der Sündenfall und so kam durch den Menschen, das Leid, die Not und der Tod in diese Welt.

Um die Beziehung zu Gott dem Vater wieder herzustellen, hat sich Jesus Christus, der Sohn Gottes, zur Verfügung gestellt. Er kam als uneheliches Kind, von einer Jungfrau geboren in diese Welt, lebte als ganzer Mensch, mitten unter uns. ER lebte uns die Liebe Gottes vor, erklärte uns den Willen Gottes für unser Leben und für diese gefallene Welt. Er wurde verraten, gefoltert und ist unschuldig und Sündlos ans Kreuz geschlagen worden. Er hat am Kreuz gelitten und ist unter Pilatus für uns gestorben Jesus hat von Gestern Heute und Morgen, unsere und der Welt Sünde getragen.

Christus ist aber nicht im Tod geblieben, sondern Er wurde dritten Tag vom seinem Vater Auferweckt. Er ist auferstanden. Er lebt und darum sollst Du auch Leben. Wie viele aber an Ihn glaubten, gab ER die Kraft, Gottes Kinder zu heissen. Johannes 1.12 So sehr hat Gott die Welt geliebt, dass Er seinen geliebten Sohn gab, dass jeder der an Ihn glaubt, nicht verloren geht, sondern das ewige Leben hat. Johannes 3.16 Jesus spricht; Ich bin der Weg, die Wahrheit und ds Leben, Niemand kommt zum Vater, als NUR durch mich. Johannes 14.6 Kommet her zu mir, da Ihr mühselig und beladen seid ich will euch erfrischen und wiederherstellen. Matthäus 11.28 Ich stehe vor Deiner Tür und klopfe an und wer MIR auf tut, zu dem werde ICH hineingehen, mit Ihm das Mahl nehmen und sein Leben mit Ihm verbringen. Offenbarung

Hat Dir diese Ausführung geholfen? Sei gesegnet

202* Dein Spotten nützt Dir nichts

Von diesen Gottes Leugner, wie Du werden leider einmal zu viele in der Hölle sein. Das grosse Erschrecken wird noch kommen. Jesus wird es das Herz brechen!

Andre Wüthrich Uhh, da habe ich aber wirklich grosse Angst! Aber die bigotten Heuchler werden viele in Satans Hölle schmoren so wie DU!! Denn du weisst, dass Du ein Sünder bist! Selig sind die geistig Armen.. aber du bist hochmütig und

urteilst über andere, Du bist zu stolz mein lieber, du wirst fallen

Lieber Freund, Du bestätigst ja selbst deine Spotten und Deine Arroganz. Das Kreuz ist denen wie Du eine Torheit die verloren gehen, mir, da ich daran glaube, ist es eine grosse Gottes Freude. mit meinem Retter und König, durch mein Leben zu gehen. Ich freue mich auf den Himmel. Du musst Dich entscheiden, wo Du Deine Ewigkeit verbringen willst. An Jesus Christus kommst Du nicht vorbei. Auch dein Spotten wird Dir nicht helfen.

PS. Ich bin jetzt ein Kind Gottes und kein Sünder mehr. Sündigen werde ich immer noch, aber mir wird und ist vergeben. Es ist keine Verdammnis, für alle Menschen, die in Jesus Christus sind. Am Kreuz hat Jesus ausgerufen Es ist vollbracht. Amen

203* Werde ein echter und ganzer Mensch!

Lieber Andy, danke für deine Antwort. Es tut mir leid, aber ich habe dein Profil nicht bis zum Ende genau gelesen. Vorher hätte ich bemerkt, dass es nicht so passt. Liebe Grüsse eine Schwester.

Liebe Schwester; Sehr gerne vergebe ich Dir. Bezüglich dieser Plattform möchte ich Dich um etwas bitten. Sei bitte fair; Nimm Dir die Zeit Fotos einzustellen und Dein ganzes Interview auszufüllen. Sonst bist immer im Vorteil und die anderen lässt Du im Ungewissen sitzen. Wir sind wiedergeborene Christen, Glaubende auf dem Weg und sollten ein wenig Transparenz zeigen. Wir leben in dieser Welt, aber wir sind nicht von dieser Welt. Lass es zu, dass Dich unser himmlischer Vater, zu einem Ganzen und echten Menschen gestalten darf. Werde so, wie Dich Gott als Frau sieht und wie Er Dich haben möchte. Gottes reichen Segen bei Deiner Suche einen passenden Ehepartner finden. Liebe Grüsse Andi

204* Sündige hinfort nicht mehr!

Bitte stelle Dich Deinen Prozessen aus seiner Gnade heraus. Nicht durch Heer oder Kraft soll es geschehen, sondern, durch meinen Geist soll es geschehen spricht der Herr. Alles zur seiner Zeit. Was und wie lebe ich meine Beziehungen und Herausforderungen mit Ihm und den Menschen im Alltag. Gebe ich Die Gnade und Barmherzigkeit, die mir zuteil geworden ist, auch weiter?!

205* Willst Du das ganze Leben allein bleiben

Mit so vielen Erwartungen werdet Ihr allein bleiben. bis der Tod Euch erwischt. Das Leben und Lieben besteht aus Loslassen, meine Erwartungen, sollt ich, um 50% reduzieren und den Andern einfach nur zu Lieben. Und das Beste für Ihn wollen. Jeden Tag aufs Neue Vergebung und loszulassen üben. Fehler und unschöne Verhaltensweise haben wir Alle.

Also was sollen Wir dazu sagen, oder will ich lieber allein bleiben. Bin ich wirklich bereit, den Andern höher zu achten als mich selbst und Opfer zu bringen. Menschlich gesehen ist dies einfach unmöglich!

Mit Gott durch Jesus Christus möglich und lernbar. Jesus Christus ist der Einzige, der Dich bedingungslos liebt. Gestern, Heute, bis in alle Ewigkeit Jawoll.

206* Liebevolle Ergänzung oder nur Objekt meiner Lust

Lieber Mann

Ohne Charakter keine Freundin, keine Ergänzung, kein Mensch fürs Leben, Kein liebevoller Austausch - Sex wirst Du nur für kurze Zeit erleben, bis Dich die wunderbare Frau schnell loswerden will. und aus Deinem Blickfeld ver- schwinden wird. Ich könnte kotzen. Du scheinst der Bauchnabel der Welt zu sein. Wenn Du dich hingegen nicht ändern möchtest, wirst Du als notgeiler einsamer Mensch ohne Freunde und Freundin sterben. Ich meinerseits, höre meiner Freundin gerne zu. Geniesse es, Sie anzuschauen wie Sie isst oder auch beim Schlafen. Wir kochen zusammen, tauschen uns stundenlang über Gott und die Welt aus. Bei Auseinandersetzungen und verschiedenen Meinungen, lernen wir dies nicht persönlich zu nehmen und stehen zu lassen. Wir lieben es einander zu verzeihen. Wir geniessen auch einfach die Zweisamkeit und schauen einander in die Augen still und ruhig. Sie ist meine Ergänzung. Ich will Sie unbedingt näher kennenlernen, damit ich Sie besser verstehe und intensiver auf Ihre Bedürfnisse eingehen kann. Dies wird unser Liebesbeziehung gut tun. So wird Diese wunderbar gedeihen und wachsen.

Geschrieben von einem 57 Jahre jugendlich gebliebenen Man, der sich geliebt weiss. Von ganzem Herzen, verständnisvoll

Beziehung leben lernt. An alle Frauen die sich einen verständnisvollen und liebevollen und auch wilden Mann wünschen. Zu meinen Fehlern und Defizite kann ich stehen und mich nicht so ernst nehmen. Mit Humor kann ich über mich selbst lachen!

Seid umarmt Grüsse aus der Schweiz.

207* Vom Opfer zum Täter ?

Liebe Freunde; warum wird hier meistens jeder beleidigt.

Viele Männer sowie auch viele Frauen, können einfach nicht andere Ansprüche und Ansichten stehen lassen, ohne diese zu kommentieren. An was liegt es, dass Ihr alles so persönlich nehmt und ironisch in den Dreck ziehen müsst. Dies ist nicht spassig und kann sehr verletzend sein. Vielleicht werdet Ihr aber einfach nur vom Opfer zum Täter. Auf einen solchen Umgang in einer Partnerschaft, kann ich verzichten. Und Ihr?! Bitte denke darüber nach.

Eine Frau hat nur darüber gelacht

Hallo liebe Frau, schade kannst Du nur über meinen Kommentar lachen und arbeitest im sozialen Bereich. Mir war bis heute nicht bekannt, dass Menschen bewusst verletzen ein Teil dieses Berufsbild ist. Wie gross muss Dein Scherben Haufen in Deinem Seelenleben sein. Lass Dir von Jesus helfen Er liebt Dich und hat einen Superplan für Dich. Ich glaube Du bist zu stolz und verbittert, um Dir helfen zu lassen. Bleibe gesund alles Gute wünsche ich Dir.

Ist dies hier nicht viel angenehmer ?!

Liebe junggebliebene Frau, Du bist wunderschön. Es macht mir grosse Freude, Dein liebevolles und freundlich strahlendes Gesicht anzuschauen. Deine warmen Augen tun gut. Dies ist einfach ein Kompliment, von einem junggebliebenen (57j) Mann, der sich geliebt weiss. Dies soll keine Anmache sein. Es soll Dir nur zeigen, wie kostbar und wertvoll Du bist. Bleibe gesund viel Kraft, und geniesse weiter ein erfülltes Leben.

Grüsse aus der schönen Schweiz von Andi

208* Der Bund zwischen Mann und Frau, ist von Gott gesetzt

Lieber Freund, vor Gott wird immer nur Der Ehe Bund zwischen Mann und Frau als gültig erachtet werden. Er hat diesen eingesetzt. Gott liebt alle homosexuellen Menschen, hasst und verabscheut aber Ihr Tun. Meine lieber Freund, lies Die Bibel deine Lebens Anleitung. Gott segne Dich

209* Täglich Liebe und Konflikte versöhnend Leben

Fernbeziehungen werden von niemandem wirklich gut verkraftet. Sie führen am Ende vielfach ins Aus.

Ich als Mann würde auch 300-500 km weit weg zu meiner geliebten Frau ziehen. Eine Fernbeziehung. Würde für mich nicht in Frage kommen. Liebe Frauen und Männer lernt Opfer in Euren Beziehungen bringen. Für Deine Partnerin lernen loslassen und Rechte abgeben wird für eure Zweisamkeit lohnenswert sein. Richtet Euch darauf ein, jeden Tag an Eurer Beziehung zu arbeiten. Nicht nur über Stunden und Tage, sondern über Monate, Jahre und gar Jahrzehnte. Warum sollen wir diese liebevollen und herausfordernder Anstrengungen angehen? Aus Liebe und Zuneigung, Gegenüber Ihr oder Ihm und weil mein Partner wichtiger und kostbarer ist als ich mir selbst. Streit, Auseinandersetzung, Konfliktfähigkeit und echte Versöhnung, möchte wirklich leben Ich will jeden Tag in der Bereitschaft leben, meine Ergänzung, oder einfach mein Gegenüber mehr zu lieben und zu achten als mich selbst. Sicher aber mindestens so stark. Eines dabei habe ich aber über all die Jahre und Jahrzehnte gelernt und verstanden;

Dies kann ich nur mit und durch Gottes, seiner Vergebungskraft durch Jesus Christus, weil Er mich zuerst geliebt hat. Wer jetzt lacht oder spottet, soll sein Leben und seine echte Beziehungs und Kommunikation- Fähigkeit wirklich anschauen und hinter-fragen. Ich meinerseits, will jeden Tag, mehr fähig werden Beziehung und Versöhnung zu Leben. Mit dem sogenannten super Versöhnungssex reissen wir jedes Mal das Herz aus unseren verwundeten Herzen heraus, wenn nicht vorher echte freundliche und barmherzige Versöhnung stattgefunden hat. Ich weiss, es kostet Demut aber sei Du der Erste, der über seinen Schatten springen wird und nicht auf seinem Recht beharrt. Du willst ja heute Abend und in Zukunft, Deiner liebevollen Ergänzung in die Augen schauen können. Dies ist doch Eure erstrebenswerte Zukunft. Nicht aber Dein Recht haben zu verteidigen. Es kostet nur unnötig Kraft und Energie, die Du jetzt brauchen könntest, um an Deiner Beziehung in Freundschaften, Familie oder zu Deinen Eltern bauen zu können.

Sollte es jemanden interessieren, woher ich meine Demut und Kraft für jeden Tag beziehe; füge ich noch einige Stellen an.

Psalm 23, Psalm 103 und 139, Psalm 91 wurde sicher unter anderem für Fälle wie Corona verfasst. Johannes 1:12, 3:16, Jesaja 55:1-5, Johannes 14, Johannes 17, Meine Wertschätzung an Euch Alle. Bleibt gesund. Es würde mich freuen, wenn Euch einige meiner Denkanstösse helfen würden. Ich freue mich über jedes Feedback und Tschüss

210* Wem viel vergeben ist der liebt viel

Liebe Freundin Ich bitte Dich herzlich um Vergebung sollte ich Dich mit meiner bestimmenden Haltung verletzt haben. Ich möchte viel liebevoller und freundlicher mit Menschen unterwegs sein. Erst recht bei Dir, Du wunderbare Frau mit Deinem zarten Wesen. In Deinem starken Frausein. erlebe ich Dich vielfach ergänzend

Die letzten Elf Monate wurdest Du zu einem starken Gegenüber. Ich bin voll begeistert von unserem himmlischen Vater, wie Der Heilige Geist, Menschen wie Dich verändert. Durch Deine Hingabe darf Er Dich Heilen, befähigen und vorwärts bewegen. Dir ist viel vergeben, darum liebst Du viel. Dich zu verletzen, war sicher nicht in meinem Sinne. Du Kostbare und wertvolle Prinzessin des Allerhöchsten. Komm in Ihm zur Ruhe und geniesse SEINE süsse Gegenwart. Lasse Dich von IHM umarmen Küssen und befinde Dich wohl.

211* Bete Ihn nur um seinetwillen an

Liebe Freundin Ich bitte Dich herzlich um Vergebung sollte ich Dich mit meiner bestimmenden Haltung verletzt haben ich möchte viel liebevoller und freundlicher mit Menschen unterwegs sein. Erst recht bei Dir, Du wunderbare Frau mit Deinem zarten Wesen. In Deinem starken Frausein. erlebe ich Dich vielfach ergänzend

Die letzten 11 Monate wurdest Du zu einem starken Gegenüber. Ich bin voll begeistert von unserem himmlischen Vater, wie Der Heilige Geist, Menschen wie Dich verändert. Durch Deine Hingabe darf Er Dich Heilen, befähigen und vorwärts bewegen. Dir ist viel vergeben, darum liebst Du viel. Dich zu verletzen, war sicher nicht in meinem Sinne. Du Kostbare und wertvolle Prinzessin des Allerhöchsten. Komm in IHM zur Ruhe und geniesse SEINE süsse Gegenwart. Lasse Dich von IHM umarmen Küssen und befinde Dich wohl.

212* Unsere Erste Aufgabe ist das Gebet

Liebe Chris Unser himmlischer Vater hat Dich reich mit prophetischen und tiefer Erkenntnis aus seinem Wort gesegnet und beschenkt. Du machst dies so gut und lasse nicht ab Tag und Nacht, zurzeit oder Unzeit. Darum ist unsere Erste Aufgabe das Gebet. So demütige ich mich unter die mächtige Hand Gottes. Zur gegebener Zeit wirst Du wissen, was Du mit Deinem, von gefülltem Mund, wo, wem. Was und zu welcher Zeit, Du sagen musst! Brauche Deine Gestunterscheidung unbedingt immer zum Aufbauen, nie zum herunter reissen. Und vergiss nie, durch unsere Art und Weise, wird gerne über uns geschwatzt und getratscht. Dies gibt vielfach Bindungen zum Beispiel Tinnitus. Dieses Krankheitsbild muss nicht nicht immer ärztlich sondern geistlich untersucht werden. Ich löse mich dann vom Geschwätz und der Tinnitus verschwindet. Du kennst sicher Ähnliches. Diese Bindungen haben es manchmal in sich und kann das Hören des Heiligen Geistes erschweren, Johannes. 10:27, ER ist ja der Gott der Durchbrüche Micha 2:13, Heilung des Landes durch Busse 2. Chronik 7:14, Daniel 10

Unser himmlischer Daddy sagt zu Dir: Meine Prinzessin, Du bist meine geliebte Tochter, an der ich meine grosse Freude habe. So kostbar und wertvoll bist Du in Meinen Augen. Eine wunderschöne Rose von Scharon aus dem Hohelied

213* Verurteile Ihr Handeln, aber liebe Deine Geschwister

Eine Schwester: Warum ich wütend auf Evangelikale bin! Meine erste Antwort: Verurteile Ihr Handeln, aber liebe Deine Geschwister!

Ich bin wütend. Weil ihr Dinge, die Gott erschaffen hat, für unrein erklären wollt. Weil ihr selbst unfrei seid und wollt, dass andere genauso handelt Ihr studiert geistliche Prinzipien, und macht daraus ein äußeres Regel-Konstrukt. Du darfst nicht lehren, weil du eine Frau bist. Du darfst nicht tanzen, und überhaupt, zu freudige Musik ist ganz bestimmt vom Teufel. Bist du dabei nicht in Trance? Fass dieses nicht an, berühre jenes nicht. Schlagzeug ist auch sehr gefährlich. Du darfst keine Hosen tragen. Zungenrede? Diese Gabe ist vom Teufel. Du hast ein Tattoo? Schlimm. Von denen, die glauben, sie müssten irgendwelche Speisegebote befolgen, möchte ich hier nicht beginnen.

Es wird immer wieder Lebensweisen geben, die wir nicht verstehen, uns Sorgen bereiten oder in Furcht versetzen Ich sage nicht, dass jeder Pfingstler und Charismatiker alles richtig machen. Jeder wiedergeborene Christ ist sowieso ein Charismatiker Sie verhalten sich oft töricht, seelisch und unreif. Und haben auch Irrtümer am Start. Genauso wie ihr! Sieh doch hin! Wenn ihr es (euer äußeres Regelwerk) einhaltet, fühlt ihr euch sicher. Doch höre mich: vor Gott zählt das Herz, nicht das äußere Werk. Zwar äußert sich ein verändertes Herz im Außen, doch nicht etwa, indem ich versuche, keine (menschengemachte) Regel zu übertreten. Jesus wandte sich stets gegen die Religiösen. Die, die vermeintlich auf dem richtigen Weg waren. Die dachten, sie befolgten alle Regeln ganz gut. Mit den Sündern dagegen hatte er Gemeinschaft.

Wie oft redet ihr denn mit Prostituierten, Obdachlosen, Verlorenen, Homosexuellen, Verwirrten, Wild-Aussehenden, Rebellen, sexuell Freizügigen? Habt ihr sie nicht schon vorverurteilt, wenn ihr ehrlich seid? (auch ich muss mich

selbst prüfen). Ja, Jesus lässt einen nicht so, wie man mal war. Aber zuvor packt er unsere Vorbehalte an. Ihr dagegen erklärt eure Regeln zum Gesetz Gottes. Habt ihr denn nicht gehört, dass Christus das Ende des Gesetzes ist, und dass nun das Gesetz des Geistes herrscht? Nein, sondern ihr kennt den Geist nicht. Sonst würdet ihr nämlich seiner Führung vertrauen. Doch ihr mögt es nicht, eure vermeintliche Kontrolle abzugeben. Teils handelt ihr damit sogar konkret gegen Gottes Wort. Und es ist euch nicht einmal bewusst. ?Ihr erstellt Lehren, über die Bibel hinaus. Damit redet ihr ausführliche Bibelstellen weg oder relativiert sie. Erklärt sie gar für ungültig. Welche Vermessenheit. Ich bitte den Herrn der Herren, dass er alle, die das Lesen, die Wahrheit erkennen lässt. Und dass er die wahren Kinder Gottes in Einheit und Wahrheit verbindet. Eines weiß ich. Und Gott sei mein Zeuge. Ich bin nicht zum Schweigen berufen. Möge er mir stets die Augen öffnen, wo ich mich irre. Seid gesegnet.

Ich verstehe Dich aber sei wütend und Traurig, auf was Sie tun, liebe Sie von ganzem Herzen bete für Sie, bleibe demütig und bleibe dankbar, für dies Alles, was Du bereits durch seine Gnade erkennen und Leben darfst.

Der Pfosten in unserem Auge ist manchmal grösser als die Gnade, die uns Gott für die Mitmenschen gegeben hat Die Liebe deckt viele Fehler zu Sei gesegnet.

214 *Gnade Gunst WoW

Was soll ich dazu sagen? Auf der Toilette brach ich in Tränen aus. Grosse Dankbarkeit überkam mich über seine, diese aussergewöhnliche Gunst und Gnade unseres himmlischen Vaters, mit ihm unterwegs sein zu dürfen. Innerlich in Ihm zu verweilen und dieses Wort auf der Herzens Zunge zergehen zu lassen. Ohne mich kannst Du nichts tun. Mein Sohn Jesus hat mir in allem schon gefallen, lass Dir einfach jeden Tag mit meiner Gnaden Kraft helfen, das Tagesgeschäft, das ich für Dich vorbereitet habe auszuführen. So gibst Du mir die Ehre und wiedcrum ist Der Gehorsam, mir aus Liebe zu vertrauen,. Dein Erfolg und gereicht Dir zur Ehre. Während Du meine Anliegen und meine tiefsten Wünsche, dic ich Dir immer vorher kundtun werde, demütig, liebevoll, freundlich und immer geduldiger ausführen wirst. in dieser Zeit weiss Ich Deinen Nöten zu begegnen und Deine Anliegen zu erhören. Deine Verletzungen werde ich liebevoll und voll Mitgefühl heilen. Mein liebes Kind, bitte steig mit dem vertrauensvollen

Blick auf mich aus dem Boot und glaube mir, Dass ich es gut und vollkommen machen werde. Es wird nicht so sein, wie Du es von mir erwartest. Alle guten Dinge kommen von mir, dem Vater der Lichter. Wenn Du von mir etwas möchtest, solltest Du, Ja Du musst mir schon glauben, dass mir für Dich nur das Beste gut genug ist.

Lass es zu, dass ich Dich auf meine Art und Weise beschenken werde, so dass mein ausserge-wöhnlicher Friede, nur ein Teil dessen sein wird, was Du mit Deinem Zerbrochenen und erschlagen Herzen erfassen kannst. Nochmals sage ich Dir, lasse DIR an Meiner erstaunlichen, unüberwindbaren Gnade genügen, denn meine Kraft ist in den Schwachen mächtig.

Weil Du dies verstanden hast, kannst Du mir aus meiner Kraft, tagtäglich wenn auch nur für heute nachfolgen. Mit Deinem Glauben (Senfkorn) Gottes in der Gewissheit an einen ünüberwindbaren grossen Gott und himmlischen Vater wirst Du fröhlich Deine Strasse ziehen. In der Gewissheit dass Ich Dich Liebe, wird die Kraft meiner Gnade Dein Lebenselixier sein. Mein ABBA Lieber Vater alles muss zuerst an Dir vorbei, was in mein Leben kommen wird. So werde ich vertrauensvoll zu Dir Aufschauen, denn Meine Hilfe kommt von dem Herrn der Himmel und Erde gemacht hat, vor was und wem sollte ich mich fürchten. Und vor was sollte mir grauen?

ABBA mein lieber Vater Du bist so gut zu mir Amen

Lieber Freundin Lieber Freund Liebe Geschwister Liebe Gottsuchende Lieber Gottferne Liebe Menschen!

Jesus Christus spricht zu Dir Siehe ich stehe vor der Tür und klopfe an und wer mir auftut, zu dem werde ich hinein gehen und das Mal halten

Unten wird ein kurzes Gebet stehen, um sich Gott anzu-vertrauen Für einige wird es eine Neue Hingabe sein. Andere werden es zum ersten Mal erleben. Sprich es laut zu Ende und werde eine Tochter oder ein Sohn Gottes im Himmel. Jetzt wird es ein grosses Fest im Himmel geben über jeden Sünder der Busse tut und umkehrt von seinen bösen Wegen.

1.Johannes 1: 1-9 Gebet für mein Leben mit Gott

Jesus Christus ich bin schuldig geworden vor Dir und ich habe Dich bis heute ignoriert, Du bist für mich und meine Schuld gefoltert worden und am Kreuz gestorben. Ich danke Dir dafür. Herzlich bitte ich Dich um Vergebung für meine Sünden und Lebensschuld Ich empfange Deine Vergebung und danke Dir, dass ich jetzt Dein Kind bin. Ich bin froh, dass Du auferstanden bist und lebst. Darum darf ich jetzt auch leben. Jesus Christus lehre mich vom heutigen Tag an mit Dir zu Leben und hilf mir auf dem Weg zu bleiben Amen

Liebe Menschen Fortsetzung: Liebe Lebenslust und Befriedigung 2 folgt in den nächsten 4-6 Monaten usw.

Mit lieben Grüssen Euer Andre Wüthrich

Für deine Notizen

Für deine Notizen

Für deine Notizen

Für deine Notizen

Für deine Notizen

Für deine Notizen

Für deine Notizen

Für deine Notizen